MASTERS
FROM FAR AWAY
The Stories of National Center for the
Performing Arts and Foreign Artists

北京日报 出版社

大师远方来
国家大剧院与
外国艺术家的故事

中国国家大剧院 著

图书在版编目（ＣＩＰ）数据

大师远方来 ：国家大剧院与外国艺术家的故事 ／ 中
国国家大剧院著． —— 北京 ：北京日报出版社，2016.11
　　ISBN 978-7-5477-1435-5

　　Ⅰ．①大… Ⅱ．①中… Ⅲ．①艺术家–生平事迹–世
界–现代 Ⅳ．①K815.7

　　中国版本图书馆CIP数据核字(2016)第208177号

大师远方来 ：国家大剧院与外国艺术家的故事

出版发行：北京日报出版社
地　　址：北京市东城区东单三条8–16号 东方广场东配楼四层
邮　　编：100005
电　　话：发行部：（010）65255876
　　　　　总编室：（010）65252135
印　　刷：北京市雅迪彩色印刷有限公司
经　　销：各地新华书店
版　　次：2016 年 11 月第 1 版
　　　　　2016 年 11 月第 1 次印刷
开　　本：880 毫米 × 1230 毫米　　　1/16
印　　张：28.5
字　　数：270千字
定　　价：238.00元

编委会

主　　编：陈　平

副 主 编：朱　敬　司景辉　朱　敏　宫吉成

特约编辑：龚学智　刘　珲　闫书英

特约撰稿：张学军　伦　兵　王大鸣　王　菲　杨　杨

撰　　稿：武文婷　魏　平　郭　云　赵　聪

图片编辑：靳　征　柏　扬　王泉润

摄　　影：王小京　凌　风　罗晓光　高　尚　肖　翊　甘　源
　　　　　苏　岩　牛小北　孙　楠　苟一戈　王　宁

序

　　九年的时光，国家大剧院犹如一颗"水上明珠"，闪烁在长安街畔、天安门广场旁。在艺术星空的光耀下，国家大剧院海纳百川，云蒸霞蔚，以层出叠见的一流水平的表演，成为了公认的比肩欧美的世界表演艺术领域的"重要一极"。

　　自开幕以来的三千多个日夜里，有六百多家中外艺术院团登上大剧院的舞台，有超过二十二万人次的不同国籍、不同领域的顶级艺术大师莅临这个福地。他们和国家大剧院从初识到成为常客，再到情深意笃的老朋友，在这里释放艺术魅力，谱写华美篇章。大剧院的舞台，无疑已经成为这些艺术大师热爱、信赖甚至依恋的热土。

　　大师云集之处，必然气象万千。因为艺术大师的到来，国家大剧院时刻呈现流光溢彩的华景，每一天都在演绎精彩瞬间，点点滴滴，令人难以忘怀。那么，这些难忘的瞬间在大师们的心里留下了怎样的痕迹？他们眼里的这座中国顶尖的艺术殿堂是什么样子？他们又在这座"水上明珠"里留下了怎样的风华绝代的影像？

　　九年了，国家大剧院将这些鲜为人知的宝贵内容集结成册。这不单单是史料的辑录，更是让大剧院与艺术家之间的缘分得以续存的珍贵回放。书为一套两册：一册是《大师远方来》，汇集了来自意大利、俄罗斯、法国、德国、英国、美国等二十余个国家的八十四位外国表演艺术家与大剧院的故事，记录下他们眼中的中国国家大剧院；另一册是《水上听华音》，展现了一百一十八位中国表演艺术家的风采，让读者透过图文倾听他们对这方舞台的心声。

　　这些艺术家们的身份不尽相同——导演、指挥、歌唱家、舞蹈家、演奏家……但所有人对于国家大剧院的赞誉却不约而同、掷地有声。这不仅是对国家大剧院的肯定，更是对我国文化大发展、大繁荣的赞誉，是对首都全国文化中心建设的褒扬，也表达了大师们对中国观众日益丰富的文化生活和不断提升的艺术素养的欣赏。这许许多多的赞誉，对于国家大剧院这座尚属年青的艺术机构而言，是成长的印记，是前进的动力，更是无形的鞭策，敦促我们在未来的岁月里以更加稳健的步伐走向世界！

陈平

国家大剧院院长陈平

珍贵的缘分

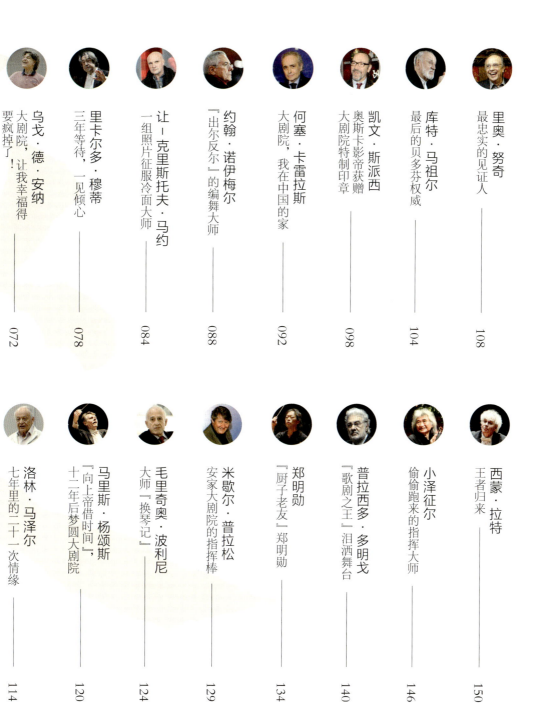

美好的未来

珍贵的缘分

BERNARD HAITINK

伯纳德·海丁克

CHARACTER | 面孔

世界著名的殿堂级指挥大家。曾执棒荷兰阿姆斯特丹皇家音乐厅乐团、伦敦爱乐乐团、英国皇家歌剧院、维也纳爱乐乐团等国际名团，并为世界各大唱片公司录制了数不胜数的经典作品。2009 年 2 月，海丁克携芝加哥交响乐团，在中国国家大剧院奏响音乐会。

VOICE | 声音

"我在八十岁高龄第一次来到中国，来到中国国家大剧院。没想到，却在这里发现了古典音乐的'新大陆'！这里有那么多的年轻观众，他们给我带来了无限的慰藉与力量。因为我发现自己并不孤单，我的继承者们也不会孤单，任何对古典乐的悲观预言，显然都为时尚早。中国国家大剧院让我相信，有年轻人在，有希望在，有未来在。明天一定会更好。"

黑发观众
感动白头指挥

　　有人曾说，除了世袭的王位和交响乐指挥，世界上没有哪一份行当能够干到耄耋之年。年过八旬的殿堂级指挥大师——伯纳德·海丁克也许就是一个活生生的例子。纵横指坛半个多世纪，灌录唱片百余张，执掌过全球几乎所有的超级天团……海丁克的一生，辉煌得如同一部交响史诗，每一个音符都惊为天人。

　　2009年2月13日，当八十岁的海丁克，率领一百一十六岁的芝加哥交响乐团，奉献出有着一百零三年历史的马勒《第六交响曲》，国家大剧院的舞台无疑在抒写一部传奇，一部由漫长时间年轮交织而成的传奇，一部由海丁克全情打造，亲自演绎的传奇。

　　海丁克曾说："我可以认老，但绝不服老。"在他看来，每一场音乐会都是一次激情的探险。马勒《第六交响曲》，结构宏阔，织体繁复，是古典音乐史上"珠峰"式的高难作品。当晚，八十岁的海丁克仙风道骨、气定神闲，犹如一个经验丰富的老船长，指挥他的"水手"在暴风骤雨与电闪雷鸣间自由穿梭。

　　观众经历着前所未有的音乐历险，而"老船长"也有了不同寻常的惊喜发现。细心的海丁克注意到，舞台之下的观众席上，几乎全部是充满活力的年轻面孔，这可颠覆了大师多年来的经验与记忆。"上世纪六十年代，当我第一次拿起指挥棒，我是黑发人，观众为白发人；如今，我成了白发人，观众依旧是白发人。"这是海丁克五十年音乐生涯无法回避的尴尬境遇：即使在音乐根基深厚的欧洲国家，年轻观众也越来越少，

海丁克在音乐厅指挥马勒《第六交响曲》

面临着极大的流失。为艺术倾其一生的海丁克大师一度黯然神伤："古典音乐难道真的走向了黄昏？"这一次，海丁克在国家大剧院看到了不同，那些年轻的、充满活力的、热情洋溢的面孔让大师受到了深深的震动。"这是真的吗？我看到的是真的吗？"

为解开大师心中的疑窦，国家大剧院通过统计分析两场音乐会的观众样本，给出了有力的数字：偌大的人群中，青年观众占大多数，包括一支不容忽视的琴童大军，六十岁以上的老年听众只有不到2%。这让见多识广的海丁克着实震惊了，他在八十岁高龄第一次来到中国，没想到，却在这里，发现了古典音乐的"新大陆"！这片未知的世界，孕育着新的希望，这希望给年过八旬的海丁克带来了无限的慰藉与力量。

"我曾经对古典乐的命运并不乐观，现在，我发现自己并不孤单，我的继承者们也不会孤单，任何对古典乐的悲观预言，显然都为时尚早。中国国家大剧院让我相信，有年轻人在，有希望在，有未来在。明天一定会更好。"

CHARLES DUTOIT

夏尔·迪图瓦

CHARACTER丨面孔

世界著名指挥家，瑞士人。曾任荷兰阿姆斯特丹皇家音乐厅管弦乐团、英国伦敦爱乐乐团等世界名团的指挥。2010 年起，迪图瓦先后率领费城交响乐团、英国皇家爱乐乐团、波士顿交响乐团、美国青年交响乐团等登上中国国家大剧院的舞台。

VOICE丨声音

"费城交响乐团曾一度陷入困境，正是中国国家大剧院在关键时刻向我们伸出了手。"

帮"费城之声"走出困境

2012年5月，清点完装有一百八十四件乐器、重达一万多公斤的黑箱子，在来往旅客的好奇目光中，一个上百人的美国乐团走出北京首都国际机场。明灿的阳光下，团队中须发银白、身着正装的七十六岁指挥大师夏尔·迪图瓦，郑重对身旁的演奏家们说："三十年前，我们开启了中美艺术的'破冰之旅'。今天，则是这段佳话的'续写之行'。"

迪图瓦带领的这支乐团，正是被誉为"世界十大交响乐团"之一的费城交响乐团，以技艺精湛和饱满灿烂的"费城之声"闻名于世，它也是新中国成立后第一个来华演奏的西方交响乐团。从1973年至2008年间，费城交响乐团先后六次到访中国。

然而在2011年，费城交响乐团却进入了最不平静的一年。受全球经济气候的影响，拥有一百一十一年历史的乐团在这一年申请了破产保护，成为美国历史上第一个宣布破产的顶级乐团。其实早从2001年开始，乐团的内部管理层就开始不太平，乐团董事长、总经理和音乐总监的位置均处于空缺状态。尽管2009年乐团聘请了经验丰富的经理人艾丽森·沃格莫为总经理，但也无力回天。

费城交响乐团的困境，让首席指挥迪图瓦万分忧虑，也让诸多乐迷以为"费城之声"将从古典音乐的版图中消失。不想此时，出于对百年老团的敬重，遥远的中国伸来一枝生机勃勃的橄榄枝。2011年9月，中国国家大剧院与费城交响乐团签署了战略合作协议，策划组织了乐团在北京、广州、上海和天津四地的巡演，并商定从2012年

迪图瓦在大剧院指挥音乐会

5 月开始，双方建立持续五年的合作关系，其中就包括每年长达三周在中国巡演的重头戏。由此，费城交响乐团仿佛开始"转运"，逐渐从困境中走出，可谓柳暗花明又一村。迪图瓦分外感叹："正是中国国家大剧院在关键时刻向我们伸出了援手。"

为了表达对大剧院的感激之情，费城交响乐团邀请国家大剧院管弦乐团于 2014 年 7 月赴美演出，这也是这支百年名团首度向中国乐团发出邀请。当中国音乐家们到达时，费城市长迈克尔·纳特在世界最著名的市政建筑之一——费城市政厅举行了欢迎仪式。如此高规格的礼遇，也让中国国家大剧院管弦乐团深感荣耀。

迪图瓦认真排练中

　　"1973 年，费城交响乐团进行了历史性的首次访华，成为最早访问中国的西方乐团之一，也在中美艺术交流之间搭建起友谊的桥梁。2012 年以来，费城交响乐团和中国国家大剧院再续两国乐史前缘，建立了更紧密的合作关系，乐团一连三次造访中国。如今，中国国家大剧院管弦乐团又回访费城，这真是重温历史、巩固友谊的伟大时刻，"迈克尔·纳特在欢迎仪式上动情地致辞，"今天是两个老朋友的重逢。"

　　带着重逢的喜悦与激情，中国国家大剧院管弦乐团室内乐组合在欢迎仪式结束后盛装登场，以最易沟通心灵的美妙音符，将维瓦尔第《四季》之"夏"激情奏响，中国音乐家们的热情挥洒，让现场每位来宾都情动心动、回味绵长，这一场以音符构建出的盛夏，将费城深秋的寒意驱赶殆尽。曲毕，迈克尔·纳特激动地走上前，同九位演奏家一一握手，还借了小提琴手的琴，把琴架在肩上像模像样地比画起来，口中连连说着他也想学小提琴了。霎时全场笑声朗朗，暖意融融，中美乐团这一次特别的"相会"定格于此。

迪图瓦特写

CHRISTIAN THIELEMANN

克里斯蒂安·蒂勒曼

CHARACTER | 面孔

德国著名"新生代"指挥家，被誉为德奥学派精神继承人，有"德国古典音乐复兴领军人"之称。2012年，蒂勒曼携德累斯顿国家管弦乐团访问中国国家大剧院；2013年，又亲率维也纳爱乐乐团，带来三场品质极高的音乐会。

VOICE | 声音

"在音乐的品质上，我始终追求精益求精，我的工作就是要精心打磨一颗颗耀眼的钻石！在这一点上，中国国家大剧院与我不谋而合，它对艺术品质的极致追求，让我非常认同与赞赏！"

"大熊"
温暖的拥抱

2013 年 11 月 2 日，中国国家大剧院音乐厅，两千余名观众屏息凝神，按捺住激动的心跳，共同迎接一场不同寻常的音乐会。

当一位身材高大、金色头发的指挥跃上台来，手臂一舞，恢宏、壮烈、纪念碑式的乐章顿时喷薄而出。贝多芬《第五交响曲》，尽管人们曾无数次聆听这"扼住命运喉咙"的经典旋律，但此时此刻，磅礴的乐声犹如滚滚涌来的洪涛骇浪，每一个灵魂都被荡涤得干干净净、通通透透。

这，是音乐的力量，是维也纳爱乐乐团的力量，更是指挥大师蒂勒曼的力量。

在维也纳爱乐乐团一百六十多年的漫长历史上，轻盈飘逸的圆舞曲其实只占其海量曲库中极小的比例，德奥贝多芬演奏传统才是其真正本色所在。从魏因加特纳、福特文格勒，到伯姆、伯恩斯坦、克莱伯，乐团历任指挥留下的每一次贝多芬演绎都令人念念不忘。

蒂勒曼同样如此。这位"德奥学派的精神继承人"，被全球乐迷亲切称为"大熊"。他率领维也纳爱乐乐团录制的贝多芬交响全集几乎是举世公认的珍宝级收藏。在中国国家大剧院持续三晚的贝多芬"马拉松"中，"大熊"无疑是焦点中的焦点，风头甚至盖过了"维爱"本身。在他的指挥下，乐团平衡、纯净、光滑的音响纹理呼之欲出，人们仿佛回到了贝多芬在世的辉煌年代。

当最后一个音符尘埃落定，伴随着全场雷鸣般的掌声，回过头面对观众的蒂勒曼已

蒂勒曼执棒德累斯顿国家管弦乐团

是满脸通红、大汗淋淋。兴致高涨的他以罕有的热情回应着观众，连连做出可爱的谢幕动作，大方亲吻着献花的观众。谁又能想到，萌萌的"大熊"其实有着严重的社交恐惧症。坊间传说，他每次演出结束，总是闪电般逃之夭夭，刻意躲避着乐迷和人群，多年来几乎从不谢幕。就在一年以前，蒂勒曼携德累斯顿国家管弦乐团初访大剧院，最后时刻，尽管人们千呼万唤，但他始终没能克服心理障碍，偷偷躲在后台，只委托剧院工作人员向观众分发了亲笔签名的明信片。

而一年以后，蒂勒曼不仅为中国观众带来了音乐奇迹，本人也迈出了奇迹般的一步。音乐会后的唱片签售仪式上，大师不再拘谨，他慷慨地张开怀抱，主动给排在第一位的观众一个大大的拥抱，这让很多了解内情的乐迷都感动不已。

乐迷与音乐家之间，这样亲切的举动也许并不足称奇，但对于蒂勒曼而言，却意味着全新的突破与接纳。从一年以前的紧张与回避，到一年之后的拥抱，对于他来说，国家大剧院已从大洋彼岸的陌生舞台，变成心底最熟悉、最温暖的艺术港湾。

CHRISTOPH ESCHENBACH

克里斯托夫·艾森巴赫

CHARACTER | 面孔

世界著名的德国指挥家、钢琴家，当今最杰出的指挥家之一。曾任美国休斯敦交响乐团、巴黎管弦乐团、美国费城管弦乐团等世界名团的音乐总监。2012年7月，在中国国家大剧院管弦乐团欧洲巡演期间，担任指挥；2014年12月，执棒国家大剧院七周年庆典音乐会。

VOICE | 声音

"中国国家大剧院管弦乐团充满朝气蓬勃的活力，势不可挡的后劲。它是我所见过的成长最迅速的乐团。这支乐团无疑是国家大剧院最生动的缩影。"

"最佳导师"
名不虚传

　　"小伙伴们，我们又见面啦！"干练的光头、笔挺的黑衣、酷酷的微笑……2014年12月17日，当这位神秘客人走进中国国家大剧院排练厅时，现场立刻沸腾起来。国家大剧院管弦乐团的小伙伴们欢呼、跺脚、挥动琴弓，用特别的方式欢迎这位誉满全球的指挥家，并一起喊出他的名字："艾森巴赫大师，欢迎您！"

　　这已是艾森巴赫第三次与年轻的大剧院管弦乐团牵手。在业界，这位传奇的犹太裔指挥被世人奉为"最佳导师"。他在中国流传最广的故事是其对郎朗的发掘提携：当年，十六岁的郎朗参加某国际钢琴考试，从门口走过的艾森巴赫被他的琴声深深吸引，于是便有了后来在拉维尼亚音乐节的临时救场，向郎朗抛出橄榄枝的，不是别人，正是

艾森巴赫。也正是从拉维尼亚开始，年轻的郎朗一炮而红。

　　事实上，艾森巴赫不仅有一双伯乐的慧眼，更在训练乐团方面独有一套。近二十年来，他频频与世界各地的青年乐团亲密合作。经他点拨的乐团常常一鸣惊人，"最佳导师"的名号由此而来。

　　2011年8月，成立仅一年的大剧院管弦乐团首次迎来了这位"最佳导师"。艾森巴赫发现，这支新锐之师虽然略显青涩，但却具备极好的潜质。对音乐，他们有着无与伦比的虔诚与热情。

　　排练期间，艾森巴赫每天都和乐手们"厮守"五六个小时，一部马勒《第一交响曲》一排就是整整五天。乐团中一位小提

艾森巴赫在大剧院音乐厅

琴手至今对大师"上小课"的情景记忆犹新："面对前辈，我当时非常紧张，手心全是汗，拉了一段后，艾森巴赫拍拍我的肩，笑着说：'小伙子，再拉下去，你的心恐怕都要跳出来啦！要是我看上去太凶，干脆闭上眼睛吧，这样你会离我远一些，离马勒近一些。'之后，大师握住我的手亲自示范，他告诉我，这一乐章是'马勒梦幻中清晨的原野，指法要轻盈再轻盈一些'，我紧绷的神经慢慢放松了，音乐自然也就舒展、平和、不拧巴了。"

这就是艾森巴赫为管弦乐团的第一次"转身"，大师相信，值得将国家大剧院管弦乐团推上更大的舞台。2012年，大剧院管弦乐团首度进行国际巡演，德国石荷州音乐节与基辛根音乐节是行程中最为重要的两站。这两站的成行正是得益于艾森巴赫的牵线搭桥与大力举荐，而他也顺其自然成为两地音乐会的指挥。

其时，马不停蹄的演出安排、长时间的旅途劳顿加上要命的时差，让第一次远涉重洋的大剧院管弦乐团疲惫不堪，状态欠佳。眼看第二天就要登台，音乐细节上还偶有差错。听完一遍排练后，艾森巴赫从容自若地走上指挥台，带着一股强大的气场。他领着乐团一点点打磨着柴科夫斯基《第四交响曲》

的每个细节，还亲自坐到每一个声部仔细聆听，鹰隼般的目光仿佛能洞察一切。

即使在短暂休息的"课间十分钟"，大师也分秒必争，专门给大管、双簧管两位乐手开起了"小灶"……短短三小时后，乐团焕然一新！艾森巴赫犹如一位魔法师，为昏昏欲睡的乐团重新注入了活力，演出最终圆满成功！

连续两年的牵手注定了一段不解之缘。从此，无论在世界哪个角落，总有一双眼睛注视着大剧院管弦乐团的成长与发展。

2014 年 11 月，未满五岁的乐团再次站在世界的聚光灯下，亮相北美七大城市的主流音乐厅。当这群黄色面孔的年轻人登上肯尼迪艺术中心的舞台，观众席上那双熟悉的眼睛正深情凝望着他们，演出落幕，有一个人第一时间起立鼓掌。他，正是艾森巴赫，专程为远道而来的老朋友捧场、加油。

短短一个月之后，艾森巴赫又风尘仆仆来到中国，走进大剧院排练厅，等待他的正是前面所讲述的那场特别的"欢迎仪式"。这一次，大师为庆贺大剧院的七岁生日而来，他将再次与熟悉的"小伙伴"联袂登台。三度相聚，一切水到渠成，完美而默契。"中国国家大剧院管弦乐团充满朝气蓬勃的活力、势不可挡的后劲。它是我所见过的成长最迅速的乐团。这支乐团无疑是国家大剧院最生动的缩影。"艾森巴赫如是说。

艾森巴赫在大剧院音乐厅

CLAUDIO ABBADO

克劳迪奥·阿巴多

CHARACTER | 面孔

当代著名的意大利指挥家。曾任意大利斯卡拉剧院艺术总监，维也纳国家歌剧院艺术总监以及柏林爱乐乐团艺术总监，创立琉森音乐节管弦乐团并担任指挥。2014 年 1 月 20 日与世长辞。2009 年，率领琉森音乐节管弦乐团，在中国国家大剧院奏响六场音乐会。

VOICE | 声音

"时隔三十六年，我再次来到北京，不禁对这座城市的文化表示敬佩。我非常喜欢中国国家大剧院，这里有非常专业的观众，更有那么多热爱音乐的年轻面孔。此次的大剧院之行，让我欣喜，让我感动。"

他让北京
令世界嫉妒

1973 年，奥地利维也纳爱乐乐团来北京演出，当时的指挥就是阿巴多。后来，阿巴多先后在意大利斯卡拉歌剧院和柏林爱乐乐团担任音乐总监，但都没有机会来到北京。

2009 年，在阿巴多的倡议下，琉森音乐节与中国国家大剧院达成意向合作协议，当年的琉森音乐节一结束，琉森音乐节管弦乐团就在阿巴多的带领下赶赴北京，举办多场音乐会。琉森音乐节对这次阿巴多的北京之行十分重视，当年琉森音乐节的开幕演出就是阿巴多在北京音乐会的全部曲目。

当地时间 8 月 12 日晚，阿巴多指挥琉森音乐节管弦乐团在 KKL 琉森文化会议中心举办琉森音乐节开幕音乐会，特地邀请中国钢琴家王羽佳合作演奏普罗科菲耶夫《第

三钢琴协奏曲》。而阿巴多和乐团合作的马勒《第一交响曲》也引起了极大的轰动，被认为是阿巴多对人生的解读。

当天演出结束时，他和记者谈起来北京的想法："我三十多年前头一次来北京的时候，马路上如果有一辆汽车就会有一万辆自行车，现在听说情形完全反过来了。今年六月，我的儿子丹尼尔·阿巴多导演的凤凰歌剧院版的《蝴蝶夫人》刚刚在中国国家大剧院演出过，丹尼尔见到我后向我盛赞了北京的观众和国家大剧院。我期待着 9 月在北京的演出会更加精彩，我会提前前往中国，感受中国。"

2009 年 9 月 20 日至 25 日，全世界都不约而同地把目光投向了中国国家大剧院。号称"殿堂级大师"的克劳迪奥·阿巴多，

携国际顶级乐团瑞士琉森音乐节管弦乐团原班人马"移师"大剧院，成为当时轰动乐坛的标志性事件。对于琉森音乐节与北京的这次约会，著名音乐家谭盾说："能将有着七十一年历史的琉森音乐节移师中国，是中国国家大剧院的一大功勋，全世界都会嫉妒北京，嫉妒国家大剧院。"著名指挥家陈佐湟更是感慨："在琉森音乐节移师以前，从未有一个如此规格、如此品质的音乐节来过中国。把世界上最好的音乐节搬到了家门口，是中国乐迷的福分。"

9月20日，为一睹大师风采，众多古典乐迷朝圣般地赶往国家大剧院，等待入场的观众早早地在检票口排起了长队。在阿巴多出场的那一刹那，大剧院音乐厅马上被一种神奇的气场笼罩，音乐还未奏响，掌声就已四溢。尽管当时他备受病痛折磨，身体非常消瘦，但在指挥台上依然保持巅峰状态。

年逾七旬的阿巴多矍铄依然，波澜不惊里饱含力量，一个手势的给出，与之呼应的是乐队的辉煌音色和巨大张力。一曲马勒《第一交响曲》尽显音乐巨人的风采，音乐最后一个音符响过后，全场观众不约而同地起立，长达八分钟的热烈掌声经久不息地回荡在音乐厅里，阿巴多深切感受到了北京观众流露出的尊重、景仰以及对音乐的真挚热爱。在演出结束后，很多人拥到后台阿巴多休息室的门口想与大师交谈，然而，由于巨大的体力消耗使得阿巴多又一次挥汗如雨，他只会见了一些朋友，就休息去了。

有意思的是，为了更深入地体验北京，阿巴多大师选择在首演当天乘坐地铁来到国

阿巴多携琉森音乐节管弦乐团亮相大剧院

阿巴多在大剧院音乐厅指挥琉森音乐节管弦乐团音乐会

家大剧院。阿巴多从国贸站搭乘一号线，从国贸站到天安门西的一路中，没有乘客认出这位"赫赫有名"的大师，阿巴多挤在乘客中，居然十分的开心。从天安门西站出来，形势就发生了变化，一下车，便被到大剧院观演的观众认了出来，观众们"魔法"般地变出了相机，从地铁到大剧院北门的一路上，闪光灯在夜色中格外的耀眼，一贯不愿拍照的阿巴多，竟然没有阻止观众，他微笑着穿过人群，消失在大剧院的北门当中。

对于中国的古典音乐迷而言，等待阿巴多，他们足足花了三十六年的时间。而对于阿巴多而言，再来中国亦是圆梦之旅。自1973年携维也纳爱乐乐团首次登陆中国后，阿巴多便对北京念念不忘、魂牵梦萦，把琉森音乐节带到这里，成为他多年来的最大心愿。时隔三十六年再次访华，阿巴多感慨万千："我非常喜欢中国国家大剧院，这里有非常专业的观众，更有那么多热爱音乐的年轻面孔。此次的大剧院之行，让我欣喜，让我感动。"

2014年1月20日，这位罹患胃癌的指挥大师溘然长逝，琉森音乐节也成了阿巴多留在北京的最后记忆。但国家大剧院的舞台上，永远定格着他在台上倾情挥洒的动人背影，留存着这段让中国观众欢呼雀跃的动人时光。

琉森音乐节管弦乐团音乐会阿巴多特写

DANIEL OREN

丹尼尔·欧伦

CHARACTER | 面孔

当今世界最著名的歌剧指挥之一，被赞誉为"为指挥歌剧而生"，曾任意大利威尔第剧院的艺术总监。2013 年，欧伦执棒中国国家大剧院首部自制歌剧《图兰朵》的第八轮演出；2016 年，又执棒大剧院制作歌剧《歌女乔康达》首轮演出，该剧还被录制成了高清歌剧电影。

VOICE | 声音

"对于艺术，我的态度非常鲜明：除了最好的，都是最差的。中国国家大剧院版《图兰朵》的最后十八分钟，是我至今看过最好的续写版本。我希望将来能把这一版，特别是《第一滴眼泪》，带上欧洲歌剧舞台！中国国家大剧院的崛起，正使中国成为一个新的世界歌剧制作中心。如今，亚洲观众无需去纽约、巴黎或者罗马，在中国就能欣赏到最好的歌剧，这里是世界歌剧的未来！"

这里是
世界歌剧的未来!

"除了最好的,都是最差的。"誉满全球的以色列指挥家丹尼尔·欧伦,对待艺术的态度如他的个性般鲜明,只认音符不认人。当他第一次听到中国青年作曲家郝维亚为中国国家大剧院版歌剧《图兰朵》续写的十八分钟尾声,包括女高音咏叹调《第一滴眼泪》时,即被深深打动,并因此对自己即将开启的中国之行充满期待。

"我在演出前半年时,从录像上看到了这一版续写,感觉音乐非常有中国特色,唯美地表达了东方的审美观和价值观,与作品本身的中国题材非常吻合,同时又继承并延续了普契尼的风格。"他进一步表示,《图兰朵》是普契尼壮志未酬之作,大师在为男高音卡拉夫、花腔女高音柳儿谱就了唯美咏叹后溘然长逝,而作为以其名字命名整部作品

的女主角图兰朵,通篇没有一首令人传唱的女高音经典之曲,非常遗憾。"中国作曲家的创作,正好使这个人物角色的三角关系真正形成,使整部作品更加完整。"有"普契尼权威"之誉的欧伦见解精到,一番阐释令听者闻之长智。

2013 年 10 月,中国国家大剧院首部原创歌剧、普契尼名作《图兰朵》开启了第八轮演出,丹尼尔·欧伦的指挥与演员们的表演交相辉映,大剧院歌剧院再次上演全场沸腾的热烈场面。

"事实完全验证了我的预见。中国版《图兰朵》虽然是世界第三部续写作品,但在音乐上的成就令人瞩目,看看现场观众们的笑脸,我希望将来有机会把这一版,特别是《第一滴眼泪》,带上欧洲歌剧舞台。"

欧伦指挥大剧院制作歌剧《诺尔玛》联排

《图兰朵》第八度上演，国家大剧院合唱团与管弦乐团的表现备受观众赞赏。作为与世界众多团体合作过的大师，丹尼尔·欧伦对两支队伍的实力与潜质也充分肯定、不吝赞美。"虽然我是第一次与他们合作，但大剧院这班年轻人的状态非常令人振奋。这支合唱团演唱出色、表演生动、舞台表现力惊人！与欧洲任何一支合唱团相比都毫不逊色。而管弦乐团在演出中不仅音色圆润，富有层次，配合也相当默契，完全没有新成立团体的生涩，将音乐整体表现得充满弹性和张力。与他们的合作使我非常开心！"

盛誉中的欧伦总是极度繁忙，工作排期往往已到几年之后，但他之所以在短期内欣然应允来到中国，完全是因为被中国国家大剧院给"震"住了！"我之前了解到，大剧院虽然才成立短短几年，但已经自创了《弄臣》《托斯卡》《茶花女》《艺术家生涯》等几十部世界经典歌剧作品，主创阵容几乎囊括了世界歌剧界所有重量级人物，这样的产量和品质令我惊赞！我认为中国国家大剧院的崛起，正使中国成为一个新的世界歌剧制作中心。同时，与欧洲歌剧观众老龄化截然不同的是，这里有很多年轻观众，他们昭示着歌剧的希望。所以，我认为如今身处亚洲的观众已无需去纽约、巴黎或罗马，在中国就能欣赏到最好的歌剧，这里是世界歌剧的未来！"

ERICH KUNZEL

埃里克·孔泽尔

CHARACTER | 面孔

世界著名指挥家。曾任辛辛那提管弦乐团首席指挥，美国国家交响乐演奏会创始人，被誉为"电影配乐指挥大师"。2008 年，率领辛辛那提管弦乐团在中国国家大剧院举办演奏会；2009 年，执棒大剧院漫步经典系列音乐会。

VOICE | 声音

"在中国国家大剧院指挥音乐会，是我生命中非常动情的演出，令我终生难忘。"

"米奇老头"
留下绝唱

一袭红色的西服，配上黑色的领结，像极了迪士尼卡通形象"米奇"……这是指挥大师孔泽尔留给乐迷的经典印象。无论台上还是台下，他都谈吐风趣、举止绅士，永远保持着外交家一样的迷人风度。更重要的是，他活力奔放的指挥风格独树一帜，成为全球影迷和乐迷心中不可替代的"电影配乐指挥大师"。

曾两次在中国国家大剧院舞台上挥动指挥棒的孔泽尔，在所有工作人员眼中，是一位"幽默快乐的好老头"，永远给人们带来快乐与幸福。虽然在排练之初，经纪人就告诉工作人员，孔泽尔身患重病，不宜过度劳累，但人们眼中的大师却精力充沛、热情高涨，丝毫未让人感觉到已是一位绝症缠身的老人。

孔泽尔第一次到访国家大剧院，是在2008北京奥运之年。演出期间，大剧院邀请他指导北京童声合唱团排练。对一般人而言，要让调皮的娃娃们相互配合，呈现一台完美的音乐会并非易事，但"米奇老头"却很有孩子缘。排练当天，为了拉近和孩子们之间的距离，孔泽尔特意穿上了一件印有小熊维尼的T恤，不断活跃在台上台下，和孩子们亲密地打成一片。

2009年7月，孔泽尔再次来到大剧院，这一次，他执棒的是大剧院一年一度的消夏音乐盛宴——漫步经典系列音乐会。当他得知，这一系列演出要在北京各大繁华地带的十二块户外大屏同步直播时，他非常认可这样的推广普及方式。大师特意要求大剧院工作人员教他一句中文："欢迎大家来

孔泽尔指挥古典梦幻交响音乐会

到国家大剧院，欢迎参加漫步经典系列音乐会。"当天，通过城市各处的大屏幕，人们听到了孔泽尔用中文传递的问候，感受到了一位世界级大师的可爱与真诚。音乐会结束后，孔泽尔激动地说："这是我生命中非常动情的演出，我将终生难忘。在不久的将来，我要重返大剧院舞台。"

然而，噩耗还是在不久之后传来。美国东部时间2009年9月1日早晨，孔泽尔在位于缅因州天鹅岛家附近的巴尔港医院去世，享年七十四岁，这位风度翩翩的指挥家因为癌症永远离开了喜爱他的人们。谁也没有想到，在孔泽尔去世前的一个多月，他站在国家大剧院舞台上的那场演出，竟是与中国观众的诀别。那一次，他把最后的光彩、最美的声音都留在了这里。

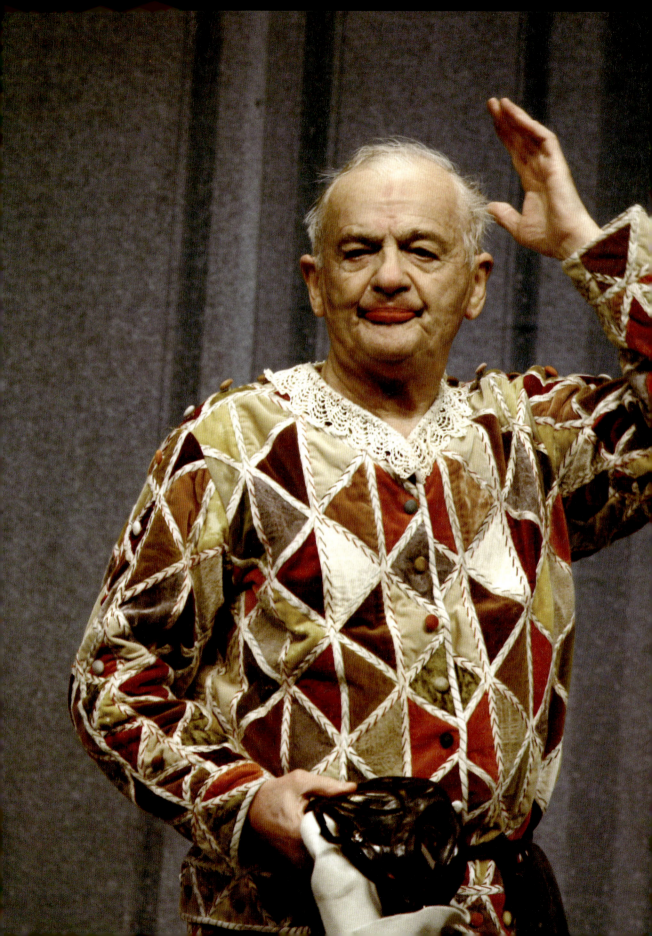

FERRUCCIO
SOLERI

费鲁巧·索莱利

CHARACTER | 面孔

意大利假面喜剧表演艺术家。曾荣获莫斯科表演艺术节
"金面具奖"、威尼斯双年展戏剧节"金狮奖",并担任联
合国教科文组织"亲善大使"。2008 年,他在中国国家
大剧院演出了意大利米兰小剧院的保留剧目《一仆二主》。

VOICE | 声音

"中国国家大剧院是一个充满活力的艺术机构,我被它
深深感染。在这里,能够享受到追求艺术的最纯粹的
快乐。"

"假面喜剧之王"
带来欢乐之夜

　　一位年近八旬的老者，在舞台上疾驰飞奔、倒立行走、扔盘子、翻跟斗……轻盈矫健得如同年轻人，他说着极有速度感的意大利语，仅靠一副假面和丰富的肢体动作，逗得中国观众捧腹大笑。他就是意大利"假面喜剧之王"——费鲁巧·索莱利。2008年3月6日，在中国国家大剧院的舞台上，一代笑匠不负众望，不仅"暴走"全场，还不断抛出即兴"包袱"，笑翻全场。

　　那一晚，费鲁巧·索莱利带来的是意大利米兰小剧院的代表剧目《一仆二主》。这部莎士比亚的喜剧经典，从上世纪四十年代起就作为米兰小剧院的院藏剧目，连演六十余载不衰，并走上全球四十多个国家的舞台。而索莱利则是从1963年开始，便在剧中扮演"仆人"一角，一演就是四十多年，

总场次达到了两千多场。这个戴着面具、插科打诨的仆人，成为了世界戏剧史上的一个经典形象。

　　这一次，索莱利来到了中国，现身国家大剧院，北京的戏剧圈沸腾了。三场演出，场场爆满。即使在该剧落幕之后，网络上热烈的讨论还像一道道涟漪在不断扩散。在很多人看来，索莱利炉火纯青的演技，仿佛一道强光，穿透了东西方文化的隔阂，将皇城脚下的观众瞬间带入到了彼时彼地莎翁的故事情境当中。

　　中国有句老话："台上一分钟，台下十年功。"为了这次在中国的亮相，幕后的索莱利其实也是"蛮拼的"。自从接到大剧院的邀约，大师便开始了恢复体能的训练。连续几个月，他每天都要在健身房

费鲁巧·索莱利参观剧院，并接受媒体群访

锻炼，回到家里还会在自己的六层公寓楼徒步上下好几趟。"凡是能用身体表演的我都尽量用肢体来展示，希望能超越语言障碍，让中国观众真正了解、喜欢上假面喜剧。"

在与大剧院的合作中，索莱利也被这支充满活力的团队深深感染，他说："在这里，我觉得自己也变年轻了。在中国国家大剧院，我收获了最热烈的掌声、最热情的礼遇，这是一次终生难忘的演出经历。"

FRANCESCA ZAMBELLO

弗兰切斯卡·赞贝罗

CHARACTER | 面孔

著名歌剧导演。她曾为美国大都会歌剧院、肯尼迪艺术
中心、华盛顿国家歌剧院、莫斯科大剧院、英国皇家歌剧
院、意大利斯卡拉歌剧院等世界知名剧院执导多部歌剧剧
目。2010 年起，她先后为中国国家大剧院执导了比才歌
剧《卡门》、奥芬巴赫歌剧《霍夫曼的故事》。

VOICE | 声音

"中国国家大剧院制作剧目的速度、质量让世界瞩目！如
今，西方艺术界都将目光聚焦在这个东方新朋友身上。
在这里，歌剧成为沟通东西方文化精神的桥梁，这比单纯
的经济交流意义更大。"

买了三张机票
急着赶来

在世界歌剧宝库，法国作曲家比才的《卡门》是全球上演频率最高的歌剧，甚至没有"之一"。2010年，中国国家大剧院决定打造一版属于自己的《卡门》，意将这部法语经典收入囊中。在全球范围海选导演的过程中，弗兰切斯卡·赞贝罗的名字走进了大剧院的视线。

这位身材高大的女性导演，有着"《卡门》专业户"的美誉，她从二十二岁导演第一版《卡门》开始，已经陆续打造出四个经典版本，其中2006年为英国皇家歌剧院执导的《卡门》更让她在业内声名大噪，威望极高。

按照惯例，大剧院工作人员首先联系到赞贝罗的经纪公司。不曾想，第二天导演本人就直接拨通了工作人员的电话："需要我什么时候到中国？！"就这样，在价格、需求等详细事宜还没有探讨的情况下，如此重要的合作就被直接敲定了下来。

事后赞贝罗说，其实她当时手头还有其他工作，她说："我过去从没有想过，有生之年能有机会在北京执导一部歌剧！中国国家大剧院是一个成长中的剧院，我能参与创建属于它的保留剧目，意义非凡！为此我甘愿取消其他事务。"

可好事偏偏多磨。2010年4月17日，冰岛火山喷发，火山灰的弥漫导致整个欧洲航空受阻。赞贝罗心急如焚，立刻买了三张不同航空公司的机票，看哪班飞机能最早起飞就搭哪班。"在机场，我敲着法航办公室的玻璃，举着我的三张机票对他们说，我要去中国！我一定要去中国！"她想在第一

导演赞贝罗在会议室阐述《霍夫曼的故事》

时间起飞，因为艺术创作需要分秒必争。

4 月 21 日，赞贝罗终于抵达北京，她立即投入工作，从试唱到排练，每天最早到、最晚走。这让男中音歌唱家袁晨野十分感慨。他说，自己曾在多年前与赞贝罗在国外有过合作，作为世界大牌导演，赞贝罗待在排练场的时间并不多，"我们大部分时间都是跟她的助理导演交流。没想到这次她不但提前近一个月就来了，还全天跟演员'泡'在排练厅，亲自把关每个细节，我

想是'国家大剧院'这块招牌深深吸引了这位大导。"

除此以外，赞贝罗对大剧院版《卡门》力求突破，要求舞美团队真实重现卡门生活的年代，"我们要尽全力，打造出最好版本的《卡门》。"为此，大剧院的歌剧舞台上再现了一座十九世纪的西班牙小城。据统计，全剧道具共一千多件，布景累计竟有四千多平方米……该剧首演后，现场观众反响爆棚，著名歌唱家李光羲更是激动异常："这

是我看过的最饱满的《卡门》，即使与国外最经典的版本相比也毫不逊色！"而赞贝罗则兴奋地表示："通过大剧院打造的这版《卡门》，我们将会看到中国带给世界的一个惊喜。"

2013 年，大剧院再度邀请赞贝罗执导《霍夫曼的故事》。时隔三年回到故地，赞贝罗同样感叹不已，她说："中国国家大剧院各方面的愈发成熟让我惊讶，它制作剧目的速度、质量让世界瞩目！如今，西方艺术界都将目光聚焦在这个东方新朋友身上。在这里，歌剧成为沟通东西方文化精神的桥梁，这比单纯的经济交流意义更大。"

赞贝罗在会议室阐述《霍夫曼的故事》

珍贵的缘分

GARY GRAFFMAN

加里·格拉夫曼

CHARACTER | 面孔

著名钢琴演奏家、钢琴教育家。四岁学琴，七岁进入世界音乐圣殿柯蒂斯音乐学院，十八岁刚毕业就与费城管弦乐团举行了音乐会，不到二十岁就在国际琴坛树起声望，是迄今为止唯一一位与美国六大乐团均有录音的钢琴家。2011 年 4 月，加盟中国国家大剧院"国际钢琴系列"音乐会，2014 年 11 月，在大剧院参演施坦威中国十周年音乐会。

VOICE | 声音

"中国国家大剧院不遗余力地为孩子们创造艺术学习和实践的各种机会，这种做法非常明智。它不仅在影响当下的中国人，也关照着中国的下一代。"

大师课献上
左手钢琴盛宴

2011年4月14日，还不到晚上六点，中国国家大剧院检票口就排起了蜿蜒的长龙。人群中，很多可爱的小娃娃背着琴谱，牵着父母的手，在耐心等待。今晚，他们不是来看演出的，而是奔一场特殊的"大师课"而来。享誉世界的钢琴演奏家加里·格拉夫曼将在这里对孩子们倾囊相授。

格拉夫曼是何许人也？在当今乐坛，这个名字有着"金牌钢琴教父"的盛誉，许多红遍全球的钢琴名家都出自他的门下，是他的亲传弟子。这其中，就包括中国乐迷最为熟悉的钢琴家郎朗、王羽佳、张昊辰。

大师不仅桃李满天下，本人的经历也相当传奇。年少成名，不到二十岁便大红大紫，巡演世界各地，挑战了钢琴史上所有难度最高的极致作品。五十一岁那年，一次

意外导致格拉夫曼右手受伤。面对这致命打击，年过半百的他凭借钢铁般的意志，克服了超乎想象的困难，以一只左手驰骋键盘，成就了世间罕有的"左手传奇"。这一次，大师造访国家大剧院，献上的正是一场别具一格的左手钢琴盛宴。

有人说，钢琴家是全世界最忙的职业，每天都在马不停蹄地从一场音乐会赶往下一场音乐会。加里·格拉夫曼也不例外，尽管已年过八旬，他却是不折不扣的"空中飞人"，每年的演出场次都超过百场。紧锣密鼓的排期、分秒如金的日程，使他无论到哪里，都只能昙花一现。但这一回，格拉夫曼为国家大剧院破了例。在专场音乐会以外，他特意挤出一天时间，为中国琴童补上一节珍贵的"大师课"。"大剧院和我洽谈

演出时，很早就表达了此方面的意愿，并一直在做着各种努力，他们的诚意最终打动了我。我也非常渴望与中国的孩子们面对面沟通，没准我会在这里遇见下一个郎朗呢。"格拉夫曼如是说。

一边是耄耋之年的世界大师，一边是活泼可爱的中国娃娃。这一老一少的亲密互动，为大剧院留下了温暖的一幕。当天，十岁的韩闻放第一个走上来。他看上去毫不怯场，操一口流利的英语向大师做了自我介绍，然后在琴旁落座，一板一眼地弹起了肖邦的《波罗乃兹舞曲》。格拉夫曼凑到他跟前，注视着这位身着西装的"小绅士"，目光异常温柔与慈祥。从始至终，他目不转睛观察着小闻放的指法，时而轻轻点头，时而莞尔一笑，时而俏皮地眨眨眼睛。当琴声落下，大师第一个起身带头鼓掌："让我们把最热烈的掌声送给这个小家伙吧！你弹得真好，出乎我的意料！"

当然，严谨的格拉夫曼也给闻放开出对症的"小处方"："这几处还稍微缺乏点舞蹈律动的感觉，需要注意别抢拍，每一个音符都要非常清晰和准确。""在演奏的时候不要过于追求技术性，而是要融入更多的感情，要加入你自己的色彩，这可是我老师告诉过我的呢！"……短短两个小时，大师手把手向孩子们传授了不少"独家秘籍"。

"格拉夫曼爷爷谢谢您，我们爱您！您下次一定要再来。"结束时，孩子们将格拉夫曼团团围住，留恋着不想离开。

在孩子们眼中，与大师的相遇无疑是一次快乐的经历；对格拉夫曼而言，此次中国之行也将留下一段别样的记忆。"比起在舞台上收获掌声和鲜花，孩子们的笑脸更能打动我，我的心被他们彻底融化了。中国国家大剧院不遗余力地为孩子们创造艺术学习和实践的各种机会，这种做法非常明智。它不仅在影响当下的中国人，也关照着中国的下一代。"

GIANCARLO DEL MONACO

强卡洛·德·莫纳科

CHARACTER | 面孔

著名歌剧导演，为中国国家大剧院执导了《托斯卡》《漂泊的荷兰人》《罗恩格林》《奥赛罗》《意大利女郎在阿尔及尔》《乡村骑士》《丑角》等多部歌剧。他曾在世界各大城市的知名歌剧院导演过三百部（版）歌剧，获得无数奖项，包括美国威尔第研究学院颁发的荣誉勋章。

VOICE | 声音

"中国国家大剧院能帮我实现艺术上的自我超越，我愿意和它一起成长、一起进步。"

与国家大剧院
一见如故

在和中国国家大剧院合作过的国际级歌剧大导演中，强卡洛·德·莫纳科可算一位极特别的人物。这位当代十大男高音之一、意大利歌唱家马里奥·德·莫纳科之子，从幼年就跟随父母在歌剧院里"摸爬滚打"，至今已在世界各大著名歌剧院导演过逾三百场意大利歌剧，是全球范围内资历最深、最炙手可热的歌剧大导之一。当然，与名气一样大的，还有其桀骜不驯的艺术家个性。

2011年初春的一天，大剧院排练厅内虽然人员众多，但整个氛围却反常的静谧，众人目光汇聚于一点：强卡洛正跪在地上给一位歌剧演员行礼。原来，首次受邀来到大剧院排演歌剧《托斯卡》的导演，刚刚给演员说戏时说错了一个片段，为表愧疚，他突然跪地……"此前我已执导过五版不同的《托斯卡》，国家大剧院版是第六

个。这里的歌剧院舞台非常宏大，舞台技术也非常先进，为我提供了很大的创作空间，同时也是极大挑战。"从地上爬起来继续投入排练的强卡洛恢复老鹰本色，紧盯全局，对每个环节都要求严苛。强卡洛说："《托斯卡》这部歌剧的每一个音符、每一句台词我都能如数家珍地背出来。我能这样倒背如流的歌剧有八十部，我觉得我比普契尼更理解《托斯卡》。"

强卡洛很酷，无论在发布会现场还是在彩排中，都始终带着那个标志性的墨镜。不过，他说戴墨镜并非为了耍大牌，右眼镜片是有度数的，"我的右眼有85%的损伤，而且怕强光，每当头顶上方有强烈的光线照下来时，我就需要戴上墨镜，不过我的左眼视力很好，不影响生活和工作。"在记者看来，强卡洛还是个"话痨"，每次

强卡洛观看国家大剧院制作瓦格纳歌剧《罗恩格林》彩排

强卡洛指导国家大剧院制作威尔第歌剧《奥赛罗》坐唱

强卡洛在戏剧场特写

的发布会，只要他拿起激光笔指着设计图就会滔滔不绝。当然这是这位喜爱歌剧的大导演急于传达自己的导演理念，所以经常一股脑地如同机关枪一样，恨不得把自己心中所想和盘托出。

在歌剧《奥赛罗》彩排之前，强卡洛就声称自己一向是以高标准严要求来"折磨"演员的，他甚至强调这个"折磨"才刚开始，而"我折磨你们完全是为了艺术"。尝到这种"折磨"滋味的魏松说，当年他第一次演这个戏，光是背台词就没日没夜地拼了一个半月，这次依旧抱着学习的态度，强卡洛对于每一个环节都抠得很细，只要一个音出不来他就受不了，他简直就是威尔第的"卫道士"。

从 2011 年的《托斯卡》开始，2012 年，强卡洛在大剧院执导《漂泊的荷兰人》《罗恩格林》；2013 年，执导《奥赛罗》《意大利女郎在阿尔及尔》；2014 年，执导《乡村骑士》和《丑角》。这位戴墨镜的大导演成了国家大剧院的一位常客，每次来大剧院"干活儿"就像回家一样。他说："世界上有报酬更高的邀请，但我愿意来北京，因为中国国家大剧院能帮我实现艺术上的自我超越，我愿意和它一起成长、一起进步。"回想起和大剧院的结缘，他眼神发亮："我并不是个容易合作的人，但我与陈平院长一见如故，我为他的魄力所折服。"二人 2010 年的首次会晤在强卡洛心中意义重大，他说："我们仅聊了一周就把《托斯卡》的大事全定了下来，那时我就知道，中国国家大剧院必将有所成就，我的面前揭幕了一个全新的世界级的歌剧舞台。"

GILBERT DEFLO

吉尔伯特·德弗洛

CHARACTER | 面孔

著名歌剧导演，曾为意大利斯卡拉歌剧院、法国巴黎歌剧院、德国柏林国家歌剧院、西班牙巴塞罗那歌剧院等世界众多歌剧院执导歌剧。2013 年、2015 年，他先后为中国国家大剧院执导了歌剧《纳布科》和《玫瑰骑士》。

VOICE | 声音

"中国国家大剧院拥有深厚并充满活力的艺术生产实力，为它制作代表剧目，我不敢懈怠，必将全力冲刺这场马拉松的'最后一公里'！"

"硬汉"
两次落泪

吉尔伯特·德弗洛,世界著名歌剧导演。自从1973年执导首部作品《三橙爱》大获成功后,他的创作足迹就遍布全球,意大利斯卡拉歌剧院、法国巴黎歌剧院、德国柏林国家歌剧院、西班牙巴塞罗那歌剧院等都曾邀请他担纲导演。谁能想到,这样一位歌剧界"硬汉",却在为中国国家大剧院执导歌剧《纳布科》《玫瑰骑士》期间,两度落泪。

第一次落泪,是在2013年5月22日《纳布科》的首演之夜。当时,这位"威尔第通"受邀首度来华,执导大剧院歌剧《纳布科》。在其四十年的舞台生涯中,德弗洛已经在十六个国家导演了一百四十余部歌剧作品,但再现传奇巨作《纳布科》,德弗洛却是第一次。

"这部威尔第的成名之作太有内涵和历史感,要成就一版长演不衰的保留经典,并不容易!"他笑称,过去多年来,每天都在为这一刻做准备。而与"歌剧之王"多明戈的首次合作,也让他格外惊喜,"没想到大剧院能请来多明戈!这样的机会可遇而不可求!"

为此,德弗洛倾尽全力。这版《纳布科》从恢宏的耶路撒冷神庙到壮观的古巴比伦王宫,从高耸的巴别塔到宏伟的巴力神庙,用七幕不同的场景,带给观众极富冲击力的视觉震撼。谢幕之时,剧场内掌声、欢呼声如山呼海啸般涌来,一浪接着一浪,这让见惯了大场面的德弗洛也难掩激动,热泪盈眶:"是大剧院,为我创造了这个神奇的时刻!"

吉尔伯特·德弗洛在戏剧排练时为演员亲自示范

德弗洛的第二次落泪，则是 2015 年 4 月 9 日《玫瑰骑士》的首演之夜。

这部"大部头"歌剧时长近四个小时，看着直至深夜十一点仍不愿离席的观众，德弗洛在后台紧紧拥抱起大剧院制作团队，一度哽咽。

为了打造这部理查·施特劳斯百年经典的中国版本，他已整整忙碌了两年。"这是德奥歌剧中'最硬的一块骨头'，甚至比瓦格纳来得更要艰险。"德弗洛说。《玫瑰骑士》复杂庞大的音乐织体、瞬息万变的节奏速度，对任何一个艺术家和剧院而言，都是

巨大的挑战。更具难度的是，从搞怪戏谑的奥克斯男爵，到雍容华贵的元帅夫人，再到插科打诨的酒馆侍者，剧中出场人物多达八十五位，每一个人的性格特点、服装风格都完全不同，"可以说是一幅十八世纪维也纳的'清明上河图'。"

两年时间里，德弗洛推掉了一切邀约，"闭关"进入到《玫瑰骑士》创作的纯粹空间中。

他多次前往维也纳，在博物馆、图书馆查阅古籍善本。他把自己封闭在毛里求斯的小岛上研究乐谱，五百多页的总谱都被翻

烂了，每一个乐句、每一个音符旁，他都密密麻麻地注明了演员该如何表演。

在排练场，他总是最早到、最晚走、亲身示范、一秒钟入戏，"中国国家大剧院拥有深厚并充满活力的艺术生产实力，为它制作代表剧目，我不敢懈怠，必将全力冲刺这场马拉松的'最后一公里'！"

2015 年春天，经德弗洛雕琢得玲珑细致的《玫瑰骑士》，终于绽放大剧院舞台。连演四场，上座率达 100%，有乐评人这样评价道："德弗洛主导的主创团队不负众望，在充分尊重《玫瑰骑士》传统的古典风格之上，体现出了独特的风格魅力，展现了浓烈的大师风范。这朵艺术玫瑰，将常年馨香，永不凋零……"

吉尔伯特·德弗洛指导演员排练

GUSTAVO DUDAMEL

古斯塔夫·杜达梅尔

CHARACTER | 面孔

世界著名的委内瑞拉指挥家，被誉为"最年轻的指挥大师"。2009 年，年仅二十八岁的杜达梅尔便受聘为美国洛杉矶交响乐团的音乐总监。2008 年 12 月，杜达梅尔率领西蒙·玻利瓦尔青年管弦乐团，为中国国家大剧院带来两场高品质音乐会。

VOICE | 声音

"中国国家大剧院的'滴灌工程'与委内瑞拉 EL Sistema 音乐救助体系有着异曲同工之妙。大剧院在做着一件功德无量的事情。艺术可以改变一个人的命运，不同的人生轨迹之间也许就相差一把小提琴的距离。"

大剧院"滴灌工程"
深深打动"天外来客"

　　一头乱蓬蓬的栗色卷发，仿佛堆满了谱号与音符；一对俏皮的可爱酒窝，仿佛漫画里走出来的卡通人物。当乐池里的神奇小子，将"魔棒"擎过头顶，双手一挥，一个音乐的魔法世界顿时在他脚下抽枝发芽、恣意生长。2008年12月11日，中国国家大剧院音乐厅，一位少年带领他的"魔法兵团"——委内瑞拉西蒙·玻利瓦尔青年交响乐团，用音乐创造出一个疯狂而绚烂的世界。

　　若问这位长着娃娃脸的"魔法师"何许人也？他便是当时年仅二十七岁的古斯塔夫·杜达梅尔。在当今乐坛，他有一个无人不知、无人不晓的外号——"天外来客"。事实上，这位少年的横空出世确实有如火星撞地球般，在白发人占绝对主流的世界指坛，带给世人太多的意外：二十出头便

一举摘得首届古斯塔夫·马勒指挥大赛金奖桂冠；乳臭未干就成为百年名团洛杉矶爱乐的执牛耳者；而立之年不到，声望与名气已如日中天，无人能及……

　　他是"指挥大师"阿巴多口中"最富才华的指挥"，在西蒙·拉特大师看来，他堪称"令人震惊的音乐天才"。一代指挥泰斗丹尼尔·巴伦博伊姆在听过他的演出后调侃："看来我应该学做点别的事情了，当个鞋匠或是木匠，但是绝不能再干指挥了。"洛杉矶爱乐乐团行政总监德博拉·博达更是大胆预言："他将是改写二十一世纪音乐历史的人，属于杜达梅尔的时代正在到来。"

　　可是谁能想到，少年得志的杜达梅尔曾经只是游荡在委内瑞拉街头的一个穷孩子，他的成才得益于委内瑞拉一套独特的音

乐救助体系。该体系自上世纪七十年代由政府创办，专门针对贫民阶层实施免费音乐教育，共覆盖全国四分之一的青少年。当年，五岁的杜达梅尔被纳入这个体系，从此与音乐结缘，一发不可收拾。他旗下的西蒙·玻利瓦尔青年交响乐团同样是该体系孕育而生的一大成果。杜达梅尔曾说："我跟玻利瓦尔乐团一起长大，乐团里的人都是我从小的伙伴和朋友。小时候，犯罪、毒品和绝望每天就在你的身边上演，罪恶离你那么近，是音乐给了我们出路，让我们远离这

一切，拥有了完全不同的人生！"

艺术改变生活，这是杜达梅尔及其小伙伴的真实故事，也是中国国家大剧院一直秉承的价值理念。也许正因如此，年轻的杜达梅尔才与这座中国的剧院一见如故。他了解到，中国国家大剧院从诞生的第一天起，就推出了规模浩大的艺术普及"滴灌工程"——每年从演出票房中拿出六千万"反哺"艺术普及教育与传播，每年策划组织各类普及活动一千余场；对普罗大众一视同仁，坚持一棵苗一棵苗地栽培，一个人一个

人地培养；精心打造一系列艺术普及的特色品牌："周末音乐会""经典艺术讲堂""走进唱片的世界""大师工作坊"……细水长流，润物无声。这位年轻的大师深深被打动了，他说："中国国家大剧院的'滴灌工程'与委内瑞拉 EL Sistema 音乐救助体系有着异曲同工之妙。大剧院在做着一件功德无量的事情。艺术可以改变一个人的命运，不同的人生轨迹之间也许就相差一把小提琴的距离。"

杜达梅尔在音乐厅排练

HUGO DE ANA

乌戈·德·安纳

CHARACTER | 面孔

著名歌剧导演兼舞美设计、服装设计。他曾为意大利斯卡拉歌剧院、都灵皇家歌剧院、罗马歌剧院等多家世界知名剧院制作歌剧，并曾连续三次获得意大利歌剧界最高奖项"阿比亚蒂奖"。2012 年起，乌戈先后与中国国家大剧院合作了歌剧《假面舞会》《游吟诗人》《参孙与达丽拉》《水仙女》以及《VIVA 威尔第——纪念威尔第二百周年诞辰折子戏音乐会》。

VOICE | 声音

"中国国家大剧院太神奇了，她用八年时间走过了欧洲剧院百年的历程，她完美地实现了我的艺术梦想！在这里，我觉得自己幸福得要疯掉了！"

大剧院，
让我幸福得要疯掉了！

在国际歌剧舞台，能身兼导演、舞美设计、服装设计三重角色的艺术大师可谓凤毛麟角，乌戈·德·安纳就是其中之一。曾在全球诸多知名剧院屡创辉煌的他，对舞台效果追求极致和完美，在业内可谓人尽皆知。

2013年，乌戈接到中国国家大剧院邀约，执导剧院次年的重磅制作《游吟诗人》。这位严谨的大师第一时间提出了要求：必须从国外请一流的舞台技术团队来营建自己构想中的"舞台幻梦"。

虽然乌戈刚在意大利斯卡拉歌剧院成功演绎了这部威尔第名作，但素来追求"一戏一格"的乌戈不愿简单"克隆"，他渴望将一出兼具新古典与后现代特征的巨作呈现给中国观众。

国家大剧院方仔细聆听了乌戈的设想，按他的思路，剧中会不断出现回忆的场景，因此舞台将被分成两个空间，分别代表现实和梦境，"一个是写实的建筑结构空间，一个是宇宙星辰运动的写意空间，两者虚实交融、不断变换。"这对舞台技术提出了极高要求：六块舞台需同步升降、倾斜、旋转，实景道具也要完成复杂的升降、倒挂。乌戈觉得，要想实现这样的效果，非国际顶级舞台机械师不可！而实景内所需的两套液压升降装置，也只有在欧美才能被制造完成。

在仔细研究和理解了乌戈的设想之后，国家大剧院向他表示：我们有能力完成这套方案的设计！

此刻，这位倔强的阿根廷老头虽然有些将信将疑，但想到此前两次合作中大剧院团

乌戈与和慧排练国家大剧院制作歌剧《游吟诗人》

队的出色表现，他决定冒险一试：看中国人究竟能不能在自己的剧院，打造出令人叫绝的舞台效果。

一次次夜以继日的技术攻关、一轮轮废寝忘食的方案推敲、一项项艰苦卓绝的舞台实验……经过两个月的"攻坚战"，大剧院舞台技术部的"能工巧匠"们让乌戈震惊了：由大剧院设计、中国设备厂商制作的这两套液压升降装置，定位精确快速，运行稳定可靠。这套"大剧院版替换方案"，一方面大大压低了制作成本，一方面也让导演所设想的艺术效果得以不打折扣地呈现。

首演当日，大幕徐徐拉开。极具象征主义的舞台实景和充满想象力的多媒体投影，呈现出恢宏魔幻的视觉效果。高清"特写"的瑰丽星云、沸腾流动的红蓝烈焰，演员们仿佛在现实和梦境间穿梭，面对着无垠的宇宙群星吟唱放歌，浓浓的宿命感和悲剧感油然而生。"一部歌剧的导演构思和舞美设计是成功的关键，《游吟诗人》展现出了'星际大战'般的舞美奇幻""该剧的观演体验如巨幕3D大片般震撼，令观众惊

乌戈在排练中为演员示范

叹"……第二天，中国各大媒体纷纷刊文，为大剧院大胆而创新的舞美设计"点赞"。《新京报》更是将其评为"2014 十大演出"之一。《游吟诗人》，这部国内歌剧舞台难得一见的威尔第经典歌剧，终于诞生出叫人惊艳的全新中国版。

演出落幕后，一向不苟言笑的乌戈兴奋不已，连连拥抱工作人员。性格内敛的他甚至拉起大剧院的助手，激动地在后台跳起了华尔兹，"中国国家大剧院完美地实现了我的艺术梦想！在这里，我觉得自己幸福得要疯掉了！"

RICCARDO MUTI

里卡尔多·穆蒂

CHARACTER | 面孔

著名意大利指挥家。曾执掌伦敦爱乐乐团、费城交响乐团等世界级乐团，并担任意大利斯卡拉歌剧院艺术总监长达十九年。自 2010 年起出任芝加哥交响乐团音乐总监，并带领乐团于 2016 年造访中国国家大剧院。

VOICE | 声音

"中国国家大剧院这座建筑美得让人惊叹，它的艺术创作实力更是不可思议。我对于国家大剧院的运营管理模式十分钦佩，这在全世界都是一个领先的典范。"

三年等待，
一见倾心

"非常高兴和荣幸能来到这样非凡的艺术中心。以音乐之名祝这里艺术生命长青！"

这是 2016 年 1 月 24 日，世界著名指挥大师里卡尔多·穆蒂为中国国家大剧院题下的饱蘸情感的赠言。

无论是对于穆蒂，还是大剧院，这都是一次迟到多年的约会。2011 年，穆蒂被邀执棒北京音乐节谢幕音乐会，路途中惊鸿一瞥的国家大剧院，让大师过目难忘："这座剧院是如此新颖，如此庄严。"他与大剧院相约，要于 2013 年带领旗下的芝加哥交响乐团来华。不想临近演出，穆蒂却因突然患病遗憾失约，改由指挥大师洛林·马泽尔接棒。这次错过，一等就是三年。

时间并没有造成距离，反而增加了期待。2016 年，当穆蒂策划自己首次带团亚洲巡演时，国家大剧院自然成为其中重要的一站。而这座艺术殿堂也给大师带去了众多惊喜。

来京第一天，穆蒂参观了大剧院原创与制作剧目展，看到大剧院八年推出近六十部院藏剧目，穆蒂直言自己被震惊得透不过气来。"这座建筑美得让人惊叹，而它的艺术创作实力更是不可思议。"得知大剧院连年都能实现收支平衡且有盈余，穆蒂对大剧院的运营管理模式十分钦佩："这在全世界都是一个领先的典范，不仅是芝加哥交响乐团，意大利的歌剧院也应该向中国国家大剧院学习。"

更让大师印象深刻的则是剧院之中漫步参观的普通百姓。"让高雅音乐为更多人聆听是我的理想和心愿，看到这么多人特别是

穆蒂指挥芝加哥交响乐团

年幼的孩子走进剧院，我十分感动。中国国家大剧院已经成长为和大众生活密切相关的剧院，这一点世界上没有一家剧院可以与之相比。"

三年等待，一见倾心。穆蒂也用精彩的演出来回馈这个东方新朋友。1月25日、26日，从贝多芬《第五交响曲》、马勒《第一交响曲》，到普罗科菲耶夫《第一交响曲》、欣德米特《为弦乐和铜管创作的协奏曲》、柴科夫斯基《第四交响曲》……穆蒂和芝加哥交响乐团献上了德国、奥地利与俄罗斯古典音乐的巅峰之作。"这些曲目是音乐史上最经典的篇章，我们要以最顶尖的实力演绎最经典的作品。"

26日，穆蒂更为北京乐迷奉上了独一份儿的福利：亚洲巡演唯一一场返场加演，演出曲目《大海》。原来，穆蒂在音乐会前与乐团中的华人音乐家商量许久，才确定了这首基于王立平《大海啊，故乡》而作的幻想随想曲，之后又专门找人进行改编。"这真是个大大的惊喜！"

当晚，前奏响起，观众一时并没有听出是哪首乐曲，渐渐地人们听出这是耳熟能详的《大海啊，故乡》，不少人当即红了眼眶。一曲结束，全场默契地起立欢呼，"Bravo"声不绝于耳。这份热情当然也令穆蒂十分动容，"我感到了中国观众对古典音乐的尊重和不断提高的欣赏水平，我坚定地认为古典音乐将来在中国会发展得非常好。"

"从我第一秒走进这里，就不断收获惊喜，这感觉竟一直持续到此刻，持续到我即将离开之际。我想，只有'再会'能表达我对这座剧院、这方观众的所有心意。"临行之时，几乎从不轻言许诺的穆蒂留下了这样的话语。他表示将为大剧院重新调整自己的工作计划，"今后我会多来大剧院，给北京观众带来更多惊喜。有机会一定要与大剧院合作一部原汁原味的意大利歌剧！"

穆蒂全情投入指挥

JEAN-CHRISTOPHE MAILLOT

让－克里斯托夫·马约

CHARACTER｜面孔

世界著名舞蹈家，蒙特卡洛芭蕾舞团艺术总监。2013 年
10 月，让－克里斯托夫·马约携蒙特卡洛芭蕾舞团亮相
中国国家大剧院，演出《罗密欧与朱丽叶》《天鹅湖》；
2015 年，再度携现代芭蕾杰作《浮士德》登台大剧院。

VOICE｜声音

"在本质上，舞台艺术就是以演出为桥梁，向各种文化敞
开大门。中国国家大剧院向我敞开了大门，我也向大剧
院敞开了心扉。"

一组照片征服
冷面大师

"无论如何，我都不同意其他摄影师来拍摄我团的演出剧照，你们前期宣传请用我们提供的指定图片。"挂了电话，中国国家大剧院负责"蒙特卡洛芭蕾舞团 2013 访华演出"项目的工作人员颇为无奈。"很多艺术家都个性强烈，让－克里斯托夫·马约尤为突出，他对自己认定的事，简直就是说一不二。"

马约很"牛"，但他的确有"牛"的资本。看看他的资历，七岁习舞，十一岁编舞，二十三岁出任法国图尔大剧院芭蕾舞团团长，三十三岁应摩纳哥大公国卡洛琳公主邀请，成为蜚声世界的蒙特卡洛芭蕾舞团的艺术总监。再看看他所在的这支"牛团"的历史，蒙特卡洛芭蕾舞团孕育了几乎所有二十世纪的世界舞坛大师，比如"现代芭蕾之父"福金、"不朽的天鹅"巴甫洛娃等。能挂帅这样的牛团，可见马约的非凡实力。入主舞团之后，马约另辟蹊径，创编了多部"现代解读式的新经典"，不仅成为舞团的保留剧目，而且获得了多项国际大奖。所以，少年得志、恃才傲物的马约，在来华前对中国国家大剧院难免存有怀疑。

带着种种疑虑，马约携蒙特卡洛芭蕾舞团踏进了中国国家大剧院的大门。为了让媒体获得最新鲜的第一手素材，大剧院经过一番努力说服和争取，终于让马约同意：演出当天，大剧院专职摄影师入场拍摄。尽管如此，马约仍然非常谨慎，专门与大剧院签订了一份正式的拍摄协议，明确提出：他要第一时间亲自筛选、检查图片，只有得到他的认可，才能在宣传推广中使用。面对

马约携蒙特卡洛芭蕾舞团在大剧院演出《睡美人》

这样的要求，大剧院工作人员却表示理解："也许马约之所以能成为马约，就是因为他对与艺术有关的一切，都是如此苛刻地追求完美。"

当晚演出结束后，马约迫不及待地从后台跟随摄影师前往办公室挑选照片。起初，他一脸严肃地坐在电脑前，对即将看到的作品将信将疑。一张、两张、三张……随着一张张唯美的照片在眼前铺开，马约紧蹙的双眉逐渐舒展，脸上露出了可爱的微笑。在浏览了所有照片之后，他郑重地站起身，紧紧握住摄影师的双手说道："真没想到，您仅看了一场演出就可以抓住作品的精髓，拍出这么多精彩纷呈的图片！我想邀请您继续拍摄之后所有演出的照片，也希望您能将这些照片刻录成光盘送给我，让我带回国。"

就这样，从一组照片开始，马约对国家大剧院刮目相看。正是源于这份信任与欣赏，此后他与大剧院各个部门、各个工种的衔接合作也非常顺畅。离京之际，这位一度挑剔的大师对大剧院充满了眷恋，他表示："在本质上，舞台艺术就是以演出为桥梁，向各种文化敞开大门。中国国家大剧院向我敞开了大门，我也向大剧院敞开了心扉，要知道赢得我的芳心并不是一件易事！"

JOHN NEUMEIER

约翰·诺伊梅尔

CHARACTER | 面孔

长期工作于德国的美国芭蕾编导大师，以改编经典名著为
芭蕾作品而著称于世，他创作的戏剧芭蕾风格独树一帜。
曾在初出茅庐之时即被舞评家誉为"后生可畏的男孩"。
2010 年、2011 年连续两年造访中国国家大剧院，带来
《茶花女》《尼金斯基》等经典舞作。

VOICE | 声音

"来中国国家大剧院演出是全世界的一种潮流，这个潮流
推动我回到中国的舞台。大剧院带给我一个极大的惊喜，
这里的观众真正理解艺术，真正懂我的作品。"

"出尔反尔" 的编舞大师

"时隔十一年，他终于回来了！"2010年，当著名编舞大师诺伊梅尔带着他的看家之作《茶花女》登上中国国家大剧院的舞台时，大剧院舞蹈总监赵汝蘅无法抑制内心的激动。作为中国芭蕾舞界颇具分量的人物，她曾一次又一次地向这位世界级大师发出邀约，却每每被委婉拒绝。

其中原因，究竟几何？

这要追溯到1999年诺伊梅尔在北京的一次不甚愉快的演出经历。当时，他率团来京上演芭蕾舞剧《仲夏夜之梦》，观众席里电话铃声此起彼伏，有人聊天，有人吃东西，还时不时传出孩子的哭闹声，几乎成了诺伊梅尔的"噩梦"。此后，这位颇具个性的大师在多个场合表示："我再也不去中国演出了！"

十一年后，是什么让他食言了呢？诺

伊梅尔笑答："这些年来，我越来越多地听到中国国家大剧院的名字，我的很多同行纷纷登上了大剧院的舞台，他们都兴奋地向我描述，说这里太棒了。于是，我也按捺不住了。来中国国家大剧院演出是全世界的一种潮流，这个潮流推动我回到中国的舞台。"

这次回归，诺伊梅尔精心准备了舞团的看家剧目之一《茶花女》。连续六天的演出，大师都坐在观众席中悄悄地观察观众，看着他们随着台上剧情的起伏或欣喜或流泪，看着他们在最适当的时候为台上的演员送上赞美和鼓励，看着他们在演出结束后集体起立表达对演员的谢意，诺伊梅尔心中泛起了深深的感动。"大剧院带给我一个极大的惊喜，这里的观众真正理解艺术，真正懂

诺伊梅尔在德国汉堡芭蕾舞剧院《茶花女》演出后谢幕

我的作品，他们素质的提高是突飞猛进的，和之前完全不一样了。"

翌年，诺伊梅尔再度造访大剧院，带来两部他的心血之作——交响芭蕾马勒《第三交响曲》和戏剧芭蕾《尼金斯基》，让中国观众有幸再度领略了大师的奇思妙想。

诺伊梅尔的"出尔反尔"成就了当今舞蹈界的一段佳话，这是大剧院多年来"筑巢引凤"的成果。如今，倘若世界上还有哪个院团、哪位艺术家没有登上过中国国家大剧院的舞台，或许他就真的"落伍"了。

JOSÉ CARRERAS

何塞·卡雷拉斯

CHARACTER | 面孔

世界著名抒情男高音歌唱家，与帕瓦罗蒂、多明戈并称为
"世界三大男高音"。2008 年、2013 年，卡雷拉斯两度
在中国国家大剧院举办独唱音乐会，并倾情演绎《在那遥
远的地方》《我的北京我的家》等中文曲目。

VOICE | 声音

"五年之内，我两次造访中国国家大剧院，这里有很多青
年观众，我亲眼见证了古典音乐在这里的无限生机。"

大剧院，
我在中国的家

　　帕瓦罗蒂、多明戈、卡雷拉斯，这是曾风靡全球的"世界三大男高音"组合，如今，年纪最轻的卡雷拉斯还活跃于舞台一线，延续着曾经的传奇。对乐迷而言，卡雷拉斯代表了一个时代，而这个时代正渐行渐远。

　　2013年新春伊始，中国国家大剧院宣布，六十七岁的卡雷拉斯将再度登上国家大剧院的舞台。2008年大剧院刚开幕不久，卡雷拉斯第一时间造访亮相，一口气带来十七首意大利拿波里歌曲与歌剧选段，缔造了一个无法复制的经典之夜。此番，大师归来，引起了观众的再度关注。

　　2013年4月23日一大早，大剧院新闻发布厅人头攒动，被围了个水泄不通。从各方赶来的记者早早架起了"长枪短炮"，调整好话筒和录音笔，屏气凝神地等待着一

场史无前例的"超级访问"。九点整，卡雷拉斯准时现身，他一步入现场，相机快门与闪光灯随即"咔咔"响成一片。

　　"卡雷拉斯先生，这次独唱音乐会，您会为中国观众带来哪些曲目？"大师刚一落座，就有记者迫不及待地抛出了所有人最关心的问题。

　　"这次演出我一共精心挑选了十首歌曲，用一句中国话来形容，那就是'十全十美'。所有歌曲的风格都偏轻松与抒情，旋律非常动听。最重要的是，我还会带给大家意想不到的特别惊喜！为了这个惊喜，我已经准备了足足半年。"

　　此话一出，现场立刻炸开了锅。

　　记者们按捺不住好奇，纷纷开始了"猜

卡雷拉斯在音乐厅举办独唱音乐会

猜猜"。尽管大家一再追问，但卡雷拉斯始终守口如瓶、一脸神秘。"既然是惊喜，一定要留到最后一刻现场揭晓。"大师继续卖着关子，吊足了所有人的胃口。

此后，在排练的日子里，大剧院工作人员常常留意到，卡雷拉斯兜里揣着一张卡片，只要一有时间就掏出卡片，咿咿呀呀地不停念叨。口形夸张、表情专注，样子十分可爱。经纪人悄悄透露，卡雷拉斯是在学中文呢，此次要铆足了劲演唱两首中国歌曲，据说，卡雷拉斯连在飞机上都不闲着，别人闭目养神，他却一直戴着耳机，小声练习发音，刻苦用功。

那张小卡片，密密麻麻标满了与中文发音相近的音标，已被大师攥得有些发黄。在与工作人员的朝夕相处中，卡雷拉斯也会时不时向剧院里的年轻人悉心"请教"。

有一次，他不知道"家"如何发音，便拉住大剧院工作人员细细询问，当了解到"jia"最后要结束在"a"这个开口元音时，大师一下子就说对了。恍然大悟的卡雷拉斯马上学会了活学活用，"北京，国家大剧院，我在中国的家"，大师一字一顿、字正腔圆，让所有人心中涌起一股暖流。

演出当天，卡雷拉斯没有食言，果然带来了大大的惊喜。"在那遥远的地方，有位

卡雷拉斯演唱特写

好姑娘，人们走过了她的帐房，总要回头留恋地张望……"当熟悉的旋律及歌词从大师口中深情唱出，观众席立刻悸动起来，那不正是"西部歌王"王洛宾最经典的代表作嘛！尽管大师咬字还略显生硬，那质朴而深邃的演唱却格外撩动人心。

一曲唱毕，卡雷拉斯深深鞠躬。随后，他抬起双臂示意大家安静，又转身向舞台上场口伸手致意。在所有人的注目下，中国青年女歌唱家王莉款款登台，与卡雷拉斯共同唱起全场的压轴之作——《我的北京我的家》：一中一洋、一男一女、一老一少，两人用歌声娓娓诉说着对中国北京的深切眷恋。

十首歌曲，成就了一场"十全十美"的音乐盛宴，也成就了卡雷拉斯"十全十美"的中国之行。

KEVIN SPACEY

凯文·斯派西

CHARACTER | 面孔

英国老维克剧院艺术总监。他常年活跃在戏剧舞台和电影银幕上，曾先后荣获奥利弗奖、托尼奖的最佳男演员奖，以及奥斯卡最佳男主角奖和男配角奖。2011 年，他领衔老维克剧院话剧《理查三世》，首度登上中国国家大剧院舞台。

VOICE | 声音

"中国国家大剧院赠予我特制的中国印章，这比获得大英帝国的司令勋章更令人骄傲。在国家大剧院度过的这个辉煌夜晚会永远镌刻在我心中！"

奥斯卡影帝获赠
大剧院特制印章

凯文·斯派西被钢索捆住双脚，头朝下悬挂于空中，随着戏剧性的鼓声，慢慢消失在观众视野中……这是中国国家大剧院戏剧舞台上，堪称经典的一幕。

对于中国观众而言，凯文·斯派西这位好莱坞影帝以前只见于银幕之上，英国响当当的老维克剧团也仿佛是个遥远的传说。但 2011 年 11 月，影帝斯派西来了，有着近两百年历史的老维克剧团也来了，他们精心演绎的莎翁名作《理查三世》，不仅让中国剧迷、影迷乐开了花，连姜文、邹静之、刘欢、袁泉、陈小艺等众多名人也都前来捧场。

在剧中担纲主角的凯文·斯派西，同时也是老维克剧团的艺术总监。这位世界级的影帝，很久以前就对中国国家大剧院抱有强烈的好奇与渴望。2010 年初，斯派西在广州拍摄电影时，曾在北京短暂停留，对于大剧院的第一印象，他这样说："还记得途经长安街时，我远远就看到了这个充满未来感的银色球体建筑，感到非常不可思议，同时也心生向往。"

2010 年底，通过香港艺术节主办方的引荐，斯派西主动联系到大剧院，终于让《理查三世》进驻国家大剧院，"到中国最好的剧院演出，是我们整个剧组的梦想"。

在《理查三世》中，凯文·斯派西收起自己一身的星光，变身为一个驼背、跛足、声音嘶哑的暴君，把这个莎翁剧作中的大反派演绎得充满质感与厚度。舞台下，他衣食住行则一切从简，甚至没有向大剧院提出要一个独立化装间，而是把所有的心思都花

凯文·斯派西演出剧照，在莎士比亚名剧
《理查三世》中饰演理查公爵

在了演出上。

大剧院工作人员发现，细心的斯派西总是将演出开始的时间稍稍推迟一两分钟，待观众完全落座，现场鸦雀无声，所有人的注意力完全聚焦于舞台之上，才缓缓拉开大幕，展开故事。舞台上的斯派西，就像是一个燃烧的小宇宙，充分释放着自己的表演能量，在灰色的披风下，藏不住的是影帝夺目的光芒。这让当时也坐在观众席的著名演员何冰一直屏息凝神，目不转睛。谢幕时，何冰按捺不住内心的澎湃，长时间起立鼓掌，他说："为了看这部戏我提前看了一遍剧本，还特意带着儿子一起来。凯文·斯派西的表演太棒了，国家大剧院引进的这部戏太棒了！"

斯派西的这次中国之行，还收到了一份特别的礼物。贴心的国家大剧院为他定制了一枚用寿山石铸造的印章，上面刻着影帝的中文译名。当斯派西从大剧院院长陈平手中接过这枚沉甸甸的印章，得知自己是继马泽尔、小泽征尔等音乐大师后收到此厚礼的又一人时，斯派西激动不已："天啊，这枚印章太珍贵了，这简直比获得大英帝国的司令勋章还让我觉得骄傲！"

凯文·斯派西全情投入表演

KURT MASUR

库特·马祖尔

CHARACTER | 面孔

世界著名波兰指挥家。曾任德累斯顿爱乐乐团、莱比锡格万特豪斯乐团、纽约爱乐乐团、伦敦爱乐乐团、法国国家交响乐团等世界名团的音乐总监。1990 年，被提名为新德国第一任总统候选人。2008 年 1 月，他携伦敦爱乐乐团登台中国国家大剧院；2010 年，又携法国国家交响乐团在大剧院奏响"完全贝多芬"音乐会。2015 年 12 月 19 日，与世长辞。

VOICE | 声音

"与 1998 年我第一次来到这里不同，北京在这十年间的变化极其巨大。如今，我们可以在如此伟大的剧院里演奏，这座美丽的剧院和它上演的每一台节目，都光彩照人！今天的欧洲几乎没有一个乐团没有亚洲乐手，这其中更不乏中国面孔。我希望欧洲的音乐家能够更加敞开胸怀，接受中国的音乐艺术！"

最后的
贝多芬权威

库特·马祖尔是带领海外乐团来到北京最多的世界著名指挥家之一，其中带领纽约爱乐乐团 1998 年在北京的首次演出堪称经典。中国国家大剧院开业后，当然也忘不了邀请马祖尔来登台，2008 年 1 月 5 日和 6 日，他携伦敦爱乐乐团登台国家大剧院。

记得在演出前的新闻发布会上，库特·马祖尔迈着稳健的脚步走进会场，丰富的表情和举止一点都不像八十多岁的人。须发皆白的他坐在人群中很像西方的圣诞老人。不过马祖尔大师一入座就发现正对面照射主席台的灯光不合适。"我希望可以看见记者的眼睛，请把灯光关掉，这样我才能睁开眼睛，"马祖尔大师调侃地说，"两天内我们将展示四部最能显示乐团实力的交响曲，为音乐爱好者送上极具分量的新年礼

物。"那一次，老人以他对德奥和俄罗斯作品的独到见解，演绎了贝多芬的"英雄"、柴科夫斯基被誉为"命运"主题的第五交响曲、德沃夏克的"苏格兰"和勃拉姆斯的第一交响曲。演出精彩至极，令观众难以忘怀。

2010 年 1 月 26 日，马祖尔再次带领法国国家交响乐团来到北京，这位身姿并不挺拔、步伐还略带踉跄的老人一走上国家大剧院音乐厅的舞台，观众席就响起雷鸣般的掌声。热烈的气氛像无形的推手，径直将老人推上舞台正中的指挥台。他沉稳地抬起双臂，浓厚热烈的《费德里奥》序曲瞬时奔涌而出。不用乐谱，也没有指挥棒，乐团在他的引领下，时而深沉，时而激昂，时而细若游丝，时而万马奔腾……一场"完

全贝多芬"的盛宴，带领观众重回大师在世的年代。那一夜，人们与贝多芬如此接近，如此惺惺相惜。

也许，没有人能够察觉，这位被业内称为"地球上最后一位贝多芬权威，一个人彪炳了一个时代"的指挥大师，已经深受帕金森症困扰多年。舞台之下，他的双手常常不能自已地颤抖个不停，但只要走上舞台，他的每一个手势便极其精准、有力，在空中潇洒挥出无数优美的弧线，仿佛灵光乍现，丝毫未受病魔干扰。"他不是在演绎音乐，他本身就是音乐的一部分。马祖尔的'贝多芬'总是让人感到无比亲近，真挚朴素的情怀直达胸臆。"这是演出之夜，一位资深乐评人的感怀之言。

观众的反应也和专家一般无二，他们被马祖尔点燃的热情一直到返场曲演奏完依然不见减退。欢呼、尖叫、涌台、不退场……库特·马祖尔一次次重新返场，台下的掌声一次次潮水般涌来。被巨大热情包围的乐团兴奋又略显困惑，因为他们不能确定是否可以起身离场。进退两难之际，已退场的马祖尔再次走回舞台，不顾观众"Bravo"的叫好，老人竟自顾自地拉起乐队首席走向下场门，他一边冲台下挥舞手臂，一边俏皮地开着玩笑："对不起，我要劫走首席，演出真的该结束了。"就这样，一场难忘的贝多芬之旅终于画上了句点。库特·马祖尔机智的"解围"也让这场音乐会多了一份甜蜜而诙谐的回忆。

"与1998年我第一次来到这里不同，北京在这十年间的变化极其巨大。如今，我们可以在如此伟大的剧院里演奏，这座美丽的剧院和它上演的每一台节目，都光彩照人！"大师也由衷感叹，中国自改革开放以来，已迅速融入世界音乐生活，"今天的欧洲几乎没有一个乐团没有亚洲乐手，这其中更不乏中国面孔。我希望欧洲的音乐家能够更加敞开胸怀，接受中国的音乐艺术！"如今尽管大师已经不在，但他曾经留在国家大剧院的身影更显珍贵，也使中国乐迷更加感慨回味。

LEO NUCCI

里奥·努奇

CHARACTER | 面孔

意大利著名男中音歌唱家，有"世界第一男中音"的美誉，他曾出演歌剧《弄臣》五百多场，是举世公认的"世界第一弄臣"。2009 年至 2014 年间，里奥·努奇四度出演帕尔玛皇家歌剧院与中国国家大剧院联合制作的歌剧《弄臣》。

VOICE | 声音

"与中国国家大剧院的合作是我成功再塑'弄臣'的关键。作为不变的'弄臣'，我见证了大剧院剧目生产制作方面的跨越与飞升。"

最忠实的
见证人

"里奥·努奇演《弄臣》真是到了刻骨铭心的地步，那种悲切仿佛已刻到他皱纹里去了！" 2014 年 8 月，在中国国家大剧院看完"世界第一弄臣"里奥·努奇领衔主演的这部歌剧，知名媒体人朱伟在其微博中发出了这样的感慨。有此同感的又何止朱伟一人，另一位媒体记者也在网络空间中写下激动的观感："即使已经第四遍欣赏这部歌剧，依然觉得意犹未尽。帕尔玛皇家歌剧院版的《弄臣》仿佛一道永不生腻的美味大餐，一开票，香气就好像从锅边弥漫了出来，勾着人从四面八方聚拢过来，共享一道艺术的飨宴。"

2009 年 6 月 18 日，意大利帕尔玛皇家歌剧院将他们的经典剧目《弄臣》带到中国国家大剧院，世界著名男中音歌唱家里奥·努奇无疑是最夺目的焦点。刚刚唱完第二幕中《复仇的火焰》，经久不息的掌声就一浪高过一浪，其中夹杂着对他名字的热情呼喊。这热烈的一幕深深地感染了努奇，他当即决定返场再唱此段。那之后的第四天，他在马德里再演《弄臣》，也把那段"复仇"返场再唱了一遍，创下黎塞乌剧院一百五十年历史上的第一次"复仇"返场。西班牙人非常惊讶，忍不住问他："天啊！你哪儿来的如此激情给观众唱两遍？！"努奇笑答："只有一个原因，四天前我在北京的中国国家大剧院这样唱了！"

这版《弄臣》之后在 2009 年至 2014 年间，由中国国家大剧院和帕尔玛皇家歌剧院联合制作，里奥·努奇先后四度出演。他说："在大剧院的演出，给我带来了独特的

里奥·努奇出演国家大剧院制
作歌剧《弄臣》剧照

里奥·努奇在大剧院音乐厅演出剧照

感受，观众们的热情反应，整个剧院的氛围，连我的名字也被大家用中文热情地呼喊着……我觉得我仿佛是一个摇滚巨星。在我的'弄臣'生涯中，这无疑是最有力量和最让人感动的时刻之一。"

在收获观众万千"宠爱"的同时，大师也亲眼见证了大剧院从"蹒跚学步"到"健步如飞"的全过程。

早在 2009 年以前，意大利帕尔玛皇家歌剧院演出的《弄臣》就已闻名世界，成为该剧院的经典剧目。

2009 年，中国国家大剧院与意大利帕尔玛皇家歌剧院携手合作，再度打造这部经典，四百余人的演职人员团队几乎全部是帕尔玛原班人马，大剧院只负责服装道具、舞美布景等硬件制作；2010 年，《弄臣》梅开二度，乐团与幕后团队已开始移交中国团队；2011 年后的第三轮、第四轮演出，国家大剧院则完全做到了"以我为主"，合唱队、乐团、舞美、服装、舞台监督等一众版块全部实现了"自力更生"。

这一过程被大剧院形象称为"替代战略"，目的就是为了培养和锻炼中国本土的歌剧制作队伍，积累和储备剧目生产方面的能力与经验。这一切让里奥·努奇感慨良多："从意大利班底到全华班底，作为其中不变的'弄臣'，我见证了大剧院剧目生产制作方面的跨越与飞升。这座剧院已成为世界上最重要的歌剧制作基地之一。"而对于近年来合作密切的国家大剧院合唱团，里奥·努奇更是赞美有加："这支合唱团的表演如此专业、如此完美，它完全有能力制作发行自己的古典音乐唱片了。"

六年弹指一挥间，里奥·努奇亲历了《弄臣》从帕尔玛皇家歌剧院到中国国家大剧院的成长过程，也将国家大剧院的成长尽收眼底。在这块璀璨的舞台上，他是当之无愧的"世界第一弄臣"，更是国家大剧院艺术发展最好的见证人。

LORIN MAAZEL

洛林·马泽尔

CHARACTER | 面孔

世界著名指挥家。曾任维也纳国家歌剧院、纽约爱乐乐团、慕尼黑爱乐乐团等世界知名乐团的音乐总监和首席指挥。2008 至 2014 年间，他二十一次登台中国国家大剧院，参与大剧院歌剧《茶花女》《塞维利亚理发师》和音乐会版《尼伯龙根的指环》的制作，并任指挥。2014 年 7 月 14 日，八十四岁的马泽尔在美国去世。

VOICE | 声音

"我为北京，为中国能拥有一所如此高水准的剧院而感到兴奋！我愿意在这里施展所有才华！"

七年里的
二十一次情缘

　　伟大的艺术家常常是最感性的，倘若一座剧院俘获了他的"芳心"，他便会放下身段，频频到访。当今乐坛赫赫有名的指挥大师洛林·马泽尔与中国国家大剧院之间的情缘，正是这种友谊最真切的见证。

　　有记者曾问起马泽尔到底多少次登上大剧院的舞台，大师笑答："太多次了，说实话连我自己也记不清了，我非常喜欢这座剧院，愿意在这里施展所有才华！"大师也许"健忘"，但细心的大剧院人却对此如数家珍。从 2008 年开始，马泽尔先后二十一次走进水上明珠，是所有到访艺术家中往来最频繁的一位。在他生命的最后七年，大师在这里缔造出一个又一个激动人心的不眠之夜，在无数中国乐迷心中篆刻下难以忘怀的经典记忆。

　　对于和大剧院如此亲密的合作，大师将之生动比喻为"天作之合"。由他担任艺术总监、亲率主创团队打造的国家大剧院版歌剧《茶花女》，以精良的制作和巧妙的镜面舞台呈现，被媒体誉为"最富想象力的歌剧"。2011 年，他与大剧院合作的歌剧《塞维利亚理发师》也极为成功，当时的媒体刊文称："此次演出让中国观众领略到了罗西尼巅峰之作的极致精彩。"

　　2013 年，国家大剧院纪念瓦格纳诞辰之际，大师将亲自编排的音乐会版《尼伯龙根的指环》带到国家大剧院，长达十几个小时的音乐巨篇浓缩为时长七十分钟的交响诗，有十二位十三年前演奏过这部作品的柏林爱乐乐团的乐手加盟音乐会的演奏，这一庞大的演出成为中国致敬瓦格纳的经典篇章。

洛林·马泽尔指挥国家大剧院版歌剧《茶花女》彩排

马泽尔当时在接受记者采访时说："中国国家大剧院管弦乐团完全有能力演好'指环'，请来柏林爱乐乐团的音乐家是技术的需要，因为他们中有部分是这部作品的首演者，对这部作品更熟悉，德国乐团对瓦格纳的作品也更游刃有余，他们有演奏德奥作品的传统和习惯，他们的加盟会使演出更有光彩。我保证在这部作品中我没有添加一个音符，所有的音符都来自瓦格纳。"

在与大剧院工作人员的朝夕相处中，马泽尔天才般的音乐禀赋给人留下了深刻的印象。这位不到十岁就拿起指挥棒的稀世神童，对乐谱有着照片式的记忆功力。一部长达近三小时的威尔第歌剧鸿篇，他竟然可以全程背谱指挥。在大剧院的日子里，马泽尔对中国青年艺术家的提携与帮助更是令人感动。

一次歌剧排练期间，某位女高音演员总是表现得差强人意，马泽尔特意在一天下午提前赶到排练厅，为这位演员"开小灶"上课，其间还亲自拉起小提琴，为她伴奏练唱。几个回合下来，女高音渐渐找到了感觉，老爷子号召现场所有人："让我们为她的进步献上掌声！"当掌声响起，现场所有人无不动容。

洛林·马泽尔在大剧院音乐厅演出

在与大剧院的二十一次牵手中，马泽尔执棒国家大剧院管弦乐团就达到了十五次，这也是他晚年合作最密切的一支乐团。每每提及这支新秀乐团，老爷子总是称赞有加："大剧院乐团虽然年轻，却比许多世界名团做得还要棒！"乐团的很多年轻人都得到过大师的真传，小提琴首席杨晓宇便是其中的幸运儿。如今，当他回忆与大师共度的时光，不禁潸然泪下："那是一段弥足珍贵的经历，大师倾其所学，毫无保留，给了我受用一生的音乐财富。"

2014年7月，马泽尔因病与世长辞。惊闻巨星陨落的国家大剧院，第二天就举办了一场特殊的悼念活动，缅怀这位同行七年的"老友"。同一时间，国内各大媒体也纷纷刊文进行追忆。

并不是每位指挥家都能与一个国家、一座剧院建立起如此深厚的感情，也不是每一座剧院都能有与自己如此投缘的指挥家。斯人已逝，但他为音乐燃烧的光辉形象却永远铭刻在每个人的心中。就像大剧院管弦乐团总经理任小珑所说，"音乐就是他的灵魂，马泽尔，是一个用七十多年指挥生涯完成了音乐修行的人。"

MARISS JANSONS

马里斯·杨颂斯

CHARACTER | 面孔

世界著名指挥家，拉脱维亚人。曾任奥斯陆爱乐乐团、匹兹堡交响乐团的首席指挥与音乐总监，现任荷兰阿姆斯特丹音乐厅管弦乐团首席指挥。2008年11月，率领阿姆斯特丹皇家音乐厅管弦乐团，登台中国国家大剧院奏响两场音乐会。

VOICE | 声音

"自从1996年与死神擦肩而过后，我就植入了心脏起搏器。之后的每一场演出我都是在向上帝借时间。来北京演出，是我多年来未竟的心愿。感谢中国国家大剧院，让这个愿望在我有生之年没有落空！我要以百年淬炼的'荷兰之音'为崭新的大剧院洗礼！"

"向上帝借时间"，
十二年后梦圆大剧院

　　挪威，奥斯陆国家音乐厅，歌剧《艺术家生涯》正在上演。万众瞩目的指挥大师马里斯·杨颂斯正潇洒挥臂，仙风道骨。这时，胸口一阵剧痛突然将他击中，大师重重摔倒在地上，不省人事。

　　时间定格在了 1996 年 5 月 26 日。

　　那一天，五十三岁的杨颂斯心脏病突发，与死神擦肩而过。死神没能夺走他的生命，却将杨颂斯挡在了中国的大门之外。原本在七天之后，大师即将登上北京的舞台。但这次意外，却让杨颂斯的北京之行整整推迟了十二年。

　　十二年，在中国人眼里，是一个轮回。北京乐迷等红了眼，杨颂斯也早已迫不及待。2008 年 11 月 2 日，姗姗来迟的杨颂斯走下了落地北京的飞机，迎接他的是中国国家大剧院的音乐艺术总监陈佐湟。一看到杨颂斯的身影，陈佐湟就三步并作两步，热情迎了上去。当他握住大师的双手，分明感觉到那双大手在微微颤抖。"亲爱的陈，你知道吗？从 1996 年那次意外之后，我就植入了心脏起搏器。之后的每一场演出我都是在向上帝借时间。那次未竟的北京之行，是我多年来未了的心愿。中国国家大剧院落成后，这个愿望越来越强烈！今天，我终于来了！"杨颂斯吐露着心迹，激动之情溢于言表。

　　抵京当天，杨颂斯就急切地走进大剧院"踩点"。尽管他已走遍世界各地，"检阅"过许多顶级的音乐厅，但面对国家大剧院音乐厅，大师还是忍不住啧啧赞叹："我们的头顶简直是一片抽象主义的精美浮雕，像极了海浪冲刷过的白色沙滩。"杨颂斯兴奋地

杨颂斯与荷兰阿姆斯特丹皇家音乐厅管弦乐团排练中

仰着头，指着天花板一个劲儿地看。

从工作人员口中，杨颂斯还了解到，大剧院音乐厅的"镇厅之宝"管风琴与德国科隆大教堂那架著名的管风琴系出同门，发声管多达六千五百根，不仅号称亚洲之最，在全世界也颇为罕见；大厅四周的墙壁有个极为别致的名字，叫"数码墙"，如同一排排凹凸有致的钢琴琴键，所有尺寸均由电脑精算得出，就是为了让乐声得到最好的反射与扩散。"这个音乐厅太完美了！我要以百年淬炼的'荷兰之音'为崭新的大剧院洗礼！"杨颂斯深情地说。

杨颂斯口中的"荷兰之音"正是随他一同前来的"古董乐团"——阿姆斯特丹皇家音乐厅管弦乐团。中国国家大剧院之行，是杨颂斯苦等十二年的特别之旅，也是乐团历史上的特别时刻。因为演出当天正逢这支老牌乐团一百二十岁华诞。不管是天意还是巧合，都注定了这台音乐盛会将被观众铭记、被杨颂斯铭记、被大剧院铭记，同时，更被时间铭记！

11月4日这天，音乐厅座无虚席，来自荷兰的"音乐梦之队"走上了舞台，大师杨颂斯也已在指挥台上站定。就在所有人都期待着大师手臂一挥，启动音乐的"闸门"时，上场门打开了，一枚硕大的生日蛋糕被陈佐湟等一众工作人员推了出来，上面用英文赫然写着"RCO，一百二十岁生日快乐！"面对这突如其来的惊喜，全场爆发出一阵欢呼，乐团的艺术家更是挥起弓弦，跺着地板，用特别的方式表达内心的激动。

那一天，大剧院里回荡起"荷兰之音"瑰丽的音色，也洋溢着一份浓浓的温情。念念不忘，必有回响。十二年后，杨颂斯向上帝借时间，终于在国家大剧院完成了自己多年未竟的心愿。

MAURIZIO POLLINI

毛里奇奥·波利尼

CHARACTER|面孔

现代意大利著名钢琴家，当今国际乐坛十位最伟大的钢琴家之一。十七岁就荣获肖邦国际钢琴大赛第一名，被评委主席阿瑟·鲁宾斯坦盛赞："如果论技术，真不知我们在座的评委中有谁能弹得比他还好。"2009 年、2010 年、2012 年，毛里奇奥·波利尼先后在中国国家大剧院举办钢琴独奏音乐会。

VOICE|声音

"我喜欢中国国家大剧院音乐厅，喜欢这所剧院的一切。我走遍世界寻找最理想的钢琴，没想到在大剧院遇见了它。"

大师"换琴记"

世界上有名的艺术家们，或多或少都有些无伤大雅的小"癖好"。随性的指挥大师捷杰耶夫喜欢用小小的牙签替代"指挥棒"，而意大利著名钢琴家波利尼，则习惯于在海外巡演时也随身携带自己的钢琴。每次巡演，他都千里迢迢、远渡重洋将自己心爱的钢琴托运过去。

2009年，六十七岁的波利尼带着全套肖邦曲目来到中国国家大剧院，当然，也毫不例外地带着他的调音师，带着与他走遍世界的斯坦威钢琴。

"每一件乐器都有自己的脾性，钢琴表面上是木头和钢丝做的，但每一个部件都磨合了好多年，我的手一触键，发出的声音就像多年相处的朋友一样亲切熟悉，"谈及这一习惯，波利尼大师俏皮地表示，"为了观众的耳朵着想，还是让我的大家伙和我一起长途跋涉吧。"

这位意大利钢琴家对技艺的修炼近乎苛刻，对任何一场演出的水准都要求极高，必须配备最好的钢琴。因此，为了演出质量的稳定，他甘当"背着钢琴巡演"的演奏家。而这次让大师没想到的是，他在中国国家大剧院无意间邂逅了一个惊喜。大剧院虽早已知晓波利尼的这一习惯，但仍让专业调音师从琴库中，为波利尼悉心挑选出了一架斯坦威钢琴作为备用。而这也给大师带来了一个"甜蜜的烦恼"。

4月23日下午到午夜，音乐厅里大师的排练和试音一直持续着。大师反复聆听比较自己运来的专用琴和"备用琴"的音色区别，来回地弹音节、弹琶音、弹八

度……对比之后，他发现大剧院提供的备用钢琴音色更为出众。于是，他有了换琴的念头，但这一想法遭到他夫人的坚决反对，太太并不希望他去弹一架陌生的钢琴。临近演出前，波利尼仍在一米一米、直至一厘米一厘米地调整钢琴的位置，细细品味两架钢琴的区别。最后，大师终于做出了决定：换琴！

"我走遍世界寻找最理想的钢琴，没想到在中国国家大剧院遇见了它。"他动情地说。

当晚，十二次谢幕，过程达十七分钟，音乐会在观众近乎疯狂的喝彩声中落幕。演出结束后，波利尼轻抚着这架与他缘分不浅的钢琴，深情地在琴骨上签下了自己的名字。2010 年、2012 年，大师又连续造访大剧院，奏响的都是这架斯坦威。

这是一架钢琴与大师的情缘，也是一座剧院与大师的情缘。在这里，每一位艺术家都呈现出最好的演出状态。

MICHEL PLASSON

米歇尔·普拉松

CHARACTER | 面孔

法国著名指挥家。2008 年，执棒法国经典歌剧《国王》，压轴中国国家大剧院开幕国际演出季；2010 年，在大剧院奏响《英雄生涯》交响音乐会。

VOICE | 声音

"中国国家大剧院是一座恢宏的艺术殿堂，它正以同样恢宏的艺术呈现，带给全世界幸福与快乐！"

普拉松在大剧院音乐厅演出

安家大剧院的
指挥棒

　　随着女主角拉开堤坝闸门，汹涌的海水淹没整个城市，十三吨水流从中国国家大剧院歌剧院舞台上方一泻而下，恢宏而壮观的场面瞬间震慑了所有人，兴奋的观众席发出一阵阵惊呼声。

　　这不是电影大片，而是 2008 年 4 月 3 日晚，法国歌剧《国王》在大剧院演出时的经典一幕。

　　这部法国图卢兹市政厅歌剧院带来的大制作，由时任图卢兹国家交响乐团的著名指挥米歇尔·普拉松执棒。谢幕之时，歌剧院内掌声经久不息，盛况空前。古稀之年的普拉松热泪盈眶，多次九十度弯腰鞠躬，向台下的观众，更向国家大剧院，表示郑重的感谢。

　　"这是一出连法国观众都难得一见的大戏，"普拉松透露，"由于这部戏需要呈现'水淹城邦'的场景，对舞台技术要求极高。自 1888 年首演以来，很少有剧院敢碰此剧，一百年来在法国本土也仅仅演了两次。这一次，中国国家大剧院，让这部几乎湮没于历史尘埃中的歌剧重放光彩。"

　　为了完美呈现剧中的壮阔场景，大剧院通过不断的技术研讨和舞台测试，最终成功"破题"。舞台技术部部长管建波说："这段长达五分钟的水效，需要'急放急收'，为此我们做了相当缜密的幕后工作。为了保护舞台下方的精密仪器，我们在舞台上加铺了三至五层的防水层，工程量相当于重新铺设了一层地板。在舞台下方，增设了长十四米、宽五米、深二十厘米的蓄水池。"

激动地握着工作人员的手说："这里的一切都太让我感动了，想到马上就要离开，我十分不舍。"

"把您的指挥棒送给大剧院留作纪念吧。"见大师如此动情，在场的卢森堡大使说道。

"好主意！这是陪伴了我多年的音乐伙伴，让它来见证我和中国国家大剧院的友谊，再好不过！"普拉松当即就认可了这个提议。

"我们一定会将它保存好，作为您在大剧院的专用指挥棒。"工作人员郑重地向大师保证。

临行之前，普拉松如约交给工作人员一个白色信封，里面正是那支经过时间洗礼、略显发旧的指挥棒。多年的磨砺，让这支藏满音符的指挥棒手柄已有些微微脱落。指挥棒旁边，是一张大师亲手制作的明信片，上面印着他在法国乡间的城堡，背面是他写下的真诚邀请："我最爱的中国朋友，请你们一定要来我家做客！"

音乐跨越国界，连接着欧亚大陆东西两端的中国与法国。一支永恒留存的指挥棒，记录着音乐大师与这座剧院的不朽情谊。2008年后，普拉松曾多次现身国家大剧院，拿起的正是这支指挥棒，在一场场曼妙的音乐盛宴中，这份美好的友谊永远地延续着。

普拉松演出后携演员向观众谢幕

MYUNG-WHUN CHUNG

郑明勋

CHARACTER | 面孔

世界著名的韩国指挥家。亚洲爱乐乐团的创立者兼音乐总监。2008 年后，曾率领意大利斯卡拉爱乐乐团、亚洲爱乐乐团、荷兰皇家管弦乐团、法国广播爱乐乐团、首尔爱乐乐团多次在中国国家大剧院奏响音乐会。2014 年 5 月，首度携手国家大剧院管弦乐团，演绎威尔第《安魂曲》；2015 年 8 月，执棒大剧院版歌剧《西蒙·波卡涅拉》。

VOICE | 声音

"中国国家大剧院最吸引我的独特之处，是它一直都在以惊人的速度飞升着。在欧洲，有些剧院已经达到了一定水平，只求保持现状，提升不再是它们的心之所向。而在这里，你能够感觉到一种朝气蓬勃的无限潜力和永不知倦的雄心壮志！"

"厨子老友"
郑明勋

中国国家大剧院的星光大道上，从来不乏重量级的身影。但连续七年七进大剧院，从客到友，彼此惺惺相惜，却需要至深至诚的默契与信任。韩国指挥家郑明勋，就是这样一位亲密的老友。这位"厨艺"精湛的指挥家，七年来，为大剧院的舞台献上一道又一道美妙的音乐料理。

2014年5月，郑明勋又一次走进大剧院，不用工作人员的指引，他便轻车熟路地来到排练厅。在这里，大剧院管弦乐团、合唱团的年轻人正翘首等待他的到来。

据说，在韩国，凡郑明勋经过的地方，人们都要脱帽鞠躬行礼。在大剧院年轻乐手的心中，郑明勋同样也是光芒四射的音乐偶像。

"仙风道骨，出神入化。"这是郑明勋留给一位乐手的印象。

从2008年至今，郑明勋先后率斯卡拉爱乐乐团、亚洲爱乐乐团、首尔爱乐乐团、荷兰皇家管弦乐团、法国广播爱乐乐团，一次次登上大剧院的舞台。大剧院两团中的许多年轻人当时就坐在台下，仰望大师潇洒挥棒的背影。

七年的精诚合作，彼此建立起了深深的信任，当大剧院提出请郑明勋执棒旗下乐团时，他二话没说就应下了。

首次演出，他为乐团选择了一部重量级作品——威尔第的《安魂曲》。这部作品长达三小时，编制庞大、气势恢宏，需要一百余人的交响乐团与一百五十人的合

郑明勋在音乐厅指导排练

唱团共同合作完成。

面对这块难啃的"硬骨头",郑明勋却对年轻的两团充满信心。为了给这些年轻人鼓劲儿,他用烹饪美食打起了比方,"作曲家是厨师,你们都是非常出色的食材,定能烹制出美味的音乐大餐,把生机勃勃的演奏奉献给观众。而指挥只是一名服务生,我要做的,就是将美食趁热捧上餐桌。"

在一连几天的排练中,大剧院的年轻人见识了郑明勋的精致与细腻。就连《安魂曲》序曲的前十秒,他都带领乐团细细研磨,反复练习,直到所有声部都完美无瑕,浑然一体。

为挤出更多的排练时间,花甲之年的大师连走路都健步如飞。身边的工作人员要跟上他的步子,常常得一溜小跑,气喘吁吁。

当然,大师对音乐的挚爱也令所有人印象深刻,每到"课间十分钟",其他人都会休息,只有郑明勋,悄悄回到化装间,坐在钢琴旁,闭上眼睛,弹奏起来。尽管他开玩笑说"自己是全职的厨子,业余的指挥",但音乐于他而言,却如同氧气,片刻不离。

2014年5月30日,在郑明勋的指挥下,威尔第的《安魂曲》在大剧院的舞台上首次响起。

庄严、肃穆的乐声与空灵、圣洁的合唱

郑明勋携乐团成员向观众致意

交相辉映，为观众开启了一场灵魂深处的精神之旅。谢幕之时，郑明勋抬起手臂，特别示意观众将最热烈的掌声献给身后的这群年轻人。

面对经久不息的喝彩，郑明勋不无感慨："中国国家大剧院最吸引我的独特之处，是它一直都在以惊人的速度飞升着。在欧洲，有些剧院已经达到了一定水平，只求保持现状，提升不再是它们的心之所向。而在这里，你能够感觉到一种朝气蓬勃的无限潜力和永不知倦的雄心壮志。年轻的国家大剧院乐团、合唱团已达到国际一流品质，完全超乎我的想象！他们有着把音乐做到最好的热忱，更有这样的实力，我要为他们的精彩表现打满分！"

郑明勋在大剧院音乐厅演出

PLÁCIDO DOMINGO

普拉西多·多明戈

CHARACTER | 面孔

西班牙著名男高音歌唱家，世界三大男高音之一，曾包揽九项格莱美音乐大奖。2012 年 6 月，第二十届"多明戈世界歌剧声乐大赛"移师中国国家大剧院；2013 年、2015 年、2016 年，多明戈先后出演国家大剧院制作歌剧《纳布科》《西蒙·波卡涅拉》《麦克白》。

VOICE | 声音

"这枚'珍珠'太耀眼了，你无法忽视它的存在。成立短短几年，中国国家大剧院就发展成了一个相当成熟的剧院，在世界上的地位与声望与日俱增，这非常了不起！大剧院近九年中制作了五十余部歌剧，这太不可思议了！而到第十年，剧作将达六十多部，这在世界其他地方是绝对不可能发生的，我敢说，大剧院绝对是独一无二的！"

"歌剧之王"
泪洒舞台

2013年5月19日晚，美国洛杉矶歌剧院的《斯卡拉》刚刚落下大幕。乐池中，一位七十二岁的老者放下了手中的指挥棒，震棚的掌声让他甚是欣慰，然而来不及细细回味这一切，他便行色匆匆地赶往机场，搭乘凌晨一点五十分的航班，飞向了中国。

他，就是名冠全球的"歌剧之王"——普拉西多·多明戈。此时此刻，在地球另一端的中国国家大剧院，一版全新打造的歌剧《纳布科》正等待着这位男主角的到来。

经过十二个小时的长途飞行，5月20日一早，飞机落地。穿过护城河畔金色的晨曦和老北京清脆的鸟鸣，多明戈大师直奔大剧院。在那里，他的老朋友——奥斯卡金像奖设计师弗兰卡·斯夸尔恰皮诺已经捧着一袭华服，迎接他前来试装。两天之后，

多明戈登上了中国的舞台，以浑厚饱满的男中音诠释了威尔第笔下经典的巴比伦国王。在其长达半个世纪的舞台生涯中，"歌王"多明戈第一次出演了亚洲剧院制作的歌剧。这弥足珍贵的机会，属于中国，属于国家大剧院。

在国人眼中，多明戈早已算是老朋友了，但这位老朋友每一次的出现却都只留下惊鸿一瞥的"吉光片羽"。作为"世界三大男高之一"的多明戈，近年来屡次来华，却全部是GALA式的拼盘演出。这一次，他终于在中国参演了一部完整的歌剧。"这才够过瘾，中国观众等这一天，实在等太久了。"资深音乐人王纪宴的一番感慨代表了很多乐迷的心声。

选择与大剧院合作，对多明戈而言，绝

多明戈演出剧照，在国家大剧院版《纳布科》中饰演纳布科

多明戈参演国家大剧院制作歌剧《西蒙·波卡涅拉》剧照

非一时兴起。事实上，这位世界级大师已暗暗关注大剧院很久了，"这枚'珍珠'太耀眼了，你无法忽视它的存在。"2012年6月，多明戈将他一手创办的世界声乐大赛搬到了大剧院。这项有着"音乐界奥斯卡"之称的国际赛事，之前只在美国华盛顿、意大利米兰、日本东京、西班牙马德里等全球知名的艺术之都举办过，多明戈则第一次将它带到了中国。决赛期间，来自全球各地的四十名歌剧新秀在大剧院尽展芳华、激烈角逐，多明戈亲自坐镇，最后还以指挥的身份，为选手伴奏。

"一切都像想象中一样圆满，"大赛的效果让多明戈非常满意，临行之际他有些恋恋

不舍，"成立短短几年，中国国家大剧院就发展成了一个相当成熟的剧院，在世界上的地位与声望与日俱增，这非常了不起！我希望今后能与大剧院有更深入的合作！"

仅仅一年之后，大师如愿以偿。当国家大剧院版歌剧《纳布科》向他抛出橄榄枝时，多明戈欣然应允，这是他职业生涯中的第一百四十二个角色，"歌剧之王"再度刷新了自己的纪录，也为大剧院创造出新的纪录。连续两个夜晚，四千多名中国观众见识了这部威尔第的不朽经典，更聆听了梦寐以求的多明戈的美妙音色。他的歌声曾经回荡在唱片中、电视中、广播中，如今，终于近在咫尺。这是梦一样的夜晚，观众只

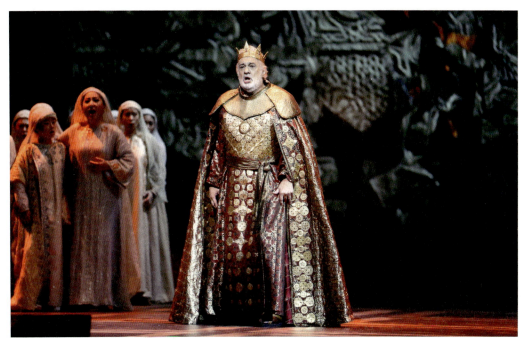

愿长醉不醒，永远停在大师梦一样的歌声里。而这样的夜晚，大师本人也醉了。演出结束后，多明戈一次又一次地谢幕，不知疲倦，不厌其烦。歌王与观众，难舍难分，谁也不愿先话道别。最后，他单膝跪地，深情抚摸着大剧院舞台，说道："这次演出，我真的动情了！"

戏里戏外，舞台上下，也许就是这样神奇。艺术家营造的气场会让观众忘乎所以，观众凝聚的氛围也常常令艺术家情不自禁。国家大剧院就像是一个双面镜，在这里，人们目睹了多明戈大师放声高歌、一往无前的极尽浪漫；在这里，多明戈也看到了中国歌剧的前景与希望。

从此，多明戈一次又一次地在这里献上精湛的演出，2015 年他重返大剧院，参演大剧院自制剧目《西蒙·波卡涅拉》，2016 年他再度加盟大剧院自制歌剧《麦克白》，挑战被权力欲望裹挟的国王。钟情于这方舞台的"歌剧之王"更惊叹于大剧院旺盛的艺术生产势头："中国国家大剧院近九年中制作了五十一部歌剧，这太不可思议了！而到第十年，剧作将达六十多部，这在世界其他地方是绝对不可能发生的。即使是一些历史悠久的百年剧院，如今每年也只能创作出三部或四部的新制作，而且多是联合制作。我敢说，中国国家大剧院绝对是独一无二的！"

SEIJI OZAWA

小泽征尔

CHARACTER | 面孔

世界著名的日本指挥家，斋藤音乐节创始人。曾任芝加哥交响乐团、旧金山交响乐团、波士顿交响乐团等世界名团的常任指挥。2008 年执棒中国国家大剧院新年音乐会，2011 年推动"斋藤音乐节"登陆国家大剧院舞台。

VOICE | 声音

"中国国家大剧院源自于非凡的想象力，它是世界剧院中的一个奇迹。"

偷偷跑来的
指挥大师

2007 年 12 月 25 日夜，法国巴黎著名的巴士底歌剧院，刚刚指挥完七场瓦格纳歌剧的小泽征尔，顾不上一身的疲惫，急匆匆拖起行李，从歌剧院后门儿直奔机场？他要去哪儿？是要赶在钟声敲响前回家和亲人团聚吗？

不，他要去中国，要给中国观众带来一场辞旧迎新的高水平音乐会。这次的中国之行，小泽征尔没敢告诉夫人，他害怕夫人为他的健康担心。为了中国国家大剧院，为了中国观众，这次，他是偷偷跑来的！

放弃了圣诞庆祝活动，小泽征尔从 12 月 26 日开始进行了**整整**一周的排练，并于 31 日**晚激情执棒，成功**奏响中国国家大剧院开幕后的第一场新年**音乐会，为中国观众**奉上一份饱含浓情厚谊的**"新年大礼"**，成为第一位造访中国国家大剧院的**世界级指挥**大师。

在当今世界的一流指挥中，没有谁比小泽征尔和中国的关系更为密切了，生于沈阳、六岁前长于北京、在中国音乐界有许多称得上哥们儿的朋友，这种亲密早已化作殷切的期盼和深厚的情谊。此次执棒中国国家大剧院新年音乐会，是他三十年来第十三次来华演出。三十年来，他几乎走遍了中国高雅艺术的演出场所，亲眼见证了中国交响乐的发展历程，一直对中国没有世界一流的音乐厅而感到遗憾。如今，当小泽征尔站在中国国家大剧院的玻璃幕墙下遥望天际，他为这座伫立于中国心脏、直追国际一流水准的国家最高艺术殿堂感到兴奋，"中国国家大剧院与长城相同，二者都源自于非凡的想象力，它是世界剧院中的一个奇迹"。

在小泽征尔心中，2008 年的这场新年音

大剧院在首都机场迎接偷偷跑来的小泽征尔

乐会有着非比寻常的意义：这是大剧院开幕落成后的第一场新年音乐会，他要把这第一次做到最完美。"这台音乐会一定要形成中国特色，一定要成为大剧院的传统，一定要打造成属于中国人自己的新年音乐会。"小泽征尔一再表示。为此，他不仅接过音乐会的指挥棒，还热心参与到筹备策划之中，多次打电话提出自己的建议，并邀请国际著名艺术家加盟此次演出。当这场酝酿良久的音乐会拉开帷幕，小泽征尔携手中国交响乐团，与女高音歌唱家凯瑟琳·芭托、著名钢琴家郎朗一同站在大剧院舞台上，用两场精心准备的音乐会给人们带来了撼动心灵的艺术体验。看到观众绽放的笑颜，

小泽征尔的眼里也闪烁出激动的泪光。

三年后，小泽征尔又将自己一手打造的斋藤音乐节搬上国家大剧院舞台。于小泽而言，斋藤音乐节犹如自己的孩子，是梦想般的事业。遗憾的是，小泽因身体欠佳未能随斋藤音乐节一同前来，但他将音乐的梦想、音乐的力量传递给了中国人民，用音乐这门世界语言为中日文化架起了一座沟通的桥梁。

从大剧院开幕时的新年音乐会，到"斋藤音乐节"的盛大呈现，小泽征尔的音乐梦想在大剧院的穹顶下得以延续，这里也流淌着这位艺术大师对中国的深厚情谊与殷切祝愿。

SIMON
RATTLE

西蒙·拉特

CHARACTER | 面孔

著名德国指挥家，被认为是当今世界最伟大的指挥之一，曾荣获德国回声古典音乐奖最佳指挥。自 1990 年起，西蒙·拉特执掌素有古典乐坛"银河战舰"之称的柏林爱乐乐团，担任艺术总监和首席指挥，于 2015 年卸任首席指挥一职。2011 年 11 月，西蒙率领柏林爱乐乐团登台中国国家大剧院，带来两场音乐会。

VOICE | 声音

"音乐，超越国界，超越文化。中国国家大剧院正在用音乐；连通着中国与世界。"

王者归来

2011 年 11 月 8 日，一架从柏林开来的飞机穿越云层，在北京机场缓缓降落。舱门打开，走下一位满头银发的黑衣绅士，他的身后是一支由一百二十八人组成的庞大阵容，当他们浩浩荡荡走出机场，候机多时的乐迷们欢呼雀跃："看哪！柏林爱乐！西蒙·拉特！"

在当今世界，几乎没有哪一个乐团能够与眼前这支组合相提并论。西蒙·拉特与柏林爱乐乐团系当之无愧的"王者之师"，他们代表着古典音乐的"白金"品质。

在柏林爱乐乐团百余年的历史上，只有两次访华的经历：一次在 1979 年，由当时的"掌舵者"卡拉扬带队；一次在 2005 年，由现任艺术总监西蒙·拉特挂帅。此番，"王者之师"再度归来！他们此行有一个最为重要的目的地，那便是中国国家大剧院。

2005 年时，西蒙·拉特与柏林爱乐乐团在北京保利剧院演出，当时八公里外的国家大剧院尚在修建。六年后，"水上明珠"像一个天外来客，矗立在西蒙·拉特眼前，让他顿生无限感慨。

走进大剧院，西蒙·拉特细细观察着这里的一切：剧场如此完美，音响设计世界一流；地面纤尘不染，光可鉴人；台前幕后井井有条，工作人员彬彬有礼；呷一口大剧院的咖啡，"甚至连咖啡也充满着艺术的滋味"。

"在这样一座殿堂登台亮相，毫无疑

西蒙·拉特指挥柏林爱乐乐团的公开排练

问，是每个艺术家的梦想。"西蒙·拉特颇有感触地说。同样，对广大乐迷而言，在有生之年听上一场西蒙·拉特与柏林爱乐乐团的现场演奏，也是弥足珍贵的终极梦想。这场音乐会，大剧院打破先例，提前了八个月开票，四千余张票两个月内便售罄。

演出当晚，西蒙·拉特抬起手臂，乐手们准备就绪，刹那间，音乐厅里高山流水、乐曲飞扬。一连两个晚上，乐迷醉了，国家大剧院也醉了。尤其是作为当今最优秀的马勒作品权威演绎，西蒙·拉特版的马勒《第九交响曲》让观众品味到了不可复制的经典。

当西蒙·拉特的指挥棒优美地划上休止符，全体观众起立鼓掌，经久不息。西蒙·拉特动情地向观众深深鞠躬。

很少参加演出以外活动的西蒙·拉特，那天竟出现在了音乐会后的唱片签售会上。走下舞台的他不像一位万人瞩目的巨星，倒更像一个亲密熟络的老友。

一位从香港赶来的年轻女孩，献上了自己亲手为大师制作的手工糖果；一名来自西安的老牌乐迷自豪地向大师展示了自少年时代珍藏至今的第一张西蒙·拉特的唱片……大师不厌其烦地为这些乐迷们一一签名，当看到一位十多岁的小乐迷举着小手递上唱片时，西蒙·拉特也笑得像个孩子一样。

"音乐，超越国界，超越文化。中国国家大剧院正在用音乐，连通着中国与世界。"西蒙·拉特说。

SUMI JO

曹秀美

CHARACTER | 面孔

世界知名女高音歌唱家，韩国人，被誉为"亚洲第一花腔女高音"。1988 年，曹秀美受卡拉扬邀请演唱威尔第歌剧《假面舞会》中的奥斯卡一角，一炮而红。2008 年 8 月，曹秀美两次在中国国家大剧院舞台大展歌喉；2011 年、2016 年，曹秀美再次登台大剧院举办独唱音乐会。

VOICE | 声音

"我深知，我是在中国最棒的舞台上亮相，所以一定把最棒的自己展示给中国。这是一座恢宏壮丽的伟大建筑，只有盛装亮相才能与之相配！"

为大剧院
"私人订制"

多年以后，中国国家大剧院的观众依然记得那个让人沉醉的夜晚，那是属于"亚洲歌后"曹秀美的独唱盛宴。舞台上，灯光打在她那小小的身躯上，轻巧圆润的歌声就从这身体里喷薄而出，一首接着一首。音乐会终了，她又化身歌剧《霍夫曼的故事》中的木偶娃娃，惟妙惟肖的诙谐表演嗨翻全场。那一晚，中国观众彻底为她着迷。

那是 2008 年，北京奥运之年。一个月之内，这位美丽的花腔女高音两度现身"水上明珠"。8 月 5 日，在大剧院特别策划的"相聚五环旗下"音乐会上，曹秀美与戴玉强、鲍罗丁娜等众多中外实力歌唱家一展歌喉，为北京奥运献礼。8 月 11 日，曹秀美又在同一舞台上举办独唱音乐会。她说："我是一个韩国人，同时也代表着亚洲，北京奥运不仅仅是中国的盛事，也是全亚洲的盛事。我要用最动听的歌声，为有史以来最伟大的奥运会唱个够！"

这天，当曹秀美从上场门款款走上舞台，观众席立刻响起啧啧的赞叹。只见，"歌后"一袭白底蓝花的优美长裙，像极了中国的青花瓷，如此中国风的扮相一下点亮了观众的眼睛。

下半场，曹秀美的行头同样彰显着浓浓的中国韵味。黑色礼服布满美轮美奂的金色纹样，当她张开双臂向观众致意，人们才蓦然发现，整件华服的设计原来是一只凤凰，古香古色，展翅欲飞。曹秀美说："这两件礼服都是我为大剧院而特别订制的，'青花瓷'和'凤凰'是典型的中国元素，体现着中国式的审美。我一再跟我的设计

曹秀美在大剧院艺术资料中心举办大师课

师强调，我要在中国最棒的舞台上演出，一定把最棒的自己展示给中国。"这一次，曹秀美一共从韩国空运来九套礼服。虽然演出间隙紧张换装很麻烦，但曹秀美却不以为意。在她看来："中国国家大剧院是一座恢宏壮丽的艺术殿堂，只有盛装亮相才能与之相配！"

人美，歌更美。曹秀美不仅要为大剧院之行选择专门的礼服，演唱会的每一首曲目也要"私人订制"。从歌剧《罗密欧与朱丽叶》中的"在梦幻里"，到《塞维利亚理发师》中的"我心中有个美妙的

声音"，再到《军中女郎》中的"离别之歌"……所有作品曹秀美都经过一番仔细的酝酿定夺，用心良苦，力求全面展示自己的演唱实力。

音乐会当天，曹秀美仿佛云中夜莺，歌声在高空与低谷间跳跃、滑翔、自由穿梭，将花腔的魅力展现得淋漓尽致。尤其是最后压轴的"木偶之歌"，更将全场气氛推向高潮。这首咏叹调选自奥芬巴赫经典歌剧《霍夫曼的故事》，曹秀美活灵活现扮起剧中的木偶娃娃：机械地抬起双臂，摇着一把小扇，神情木然地一晃一晃，眼珠

曹秀美音乐会演出照

曹秀美独唱音乐会演出

仿佛上了发条，有节奏地左右游移。最妙的是，她的喉咙里也像安装了超级弹簧，声音灵动、跳跃而又极具爆发力。

唱着唱着，"木偶娃娃"突然"吱"的一声泄了气、瘫作一团……这时，身边的指挥俏皮地拿出一根大发条，在曹秀美身后"吱嘎吱嘎"拧了几下，"木偶娃娃"猛一下又直挺挺地弹了起来，继续放声高歌……观众被逗得开怀大笑，笑声溢满全场，久久回荡。

在大剧院音乐厅，从来不乏掌声与喝彩，但这笑声却显得弥足珍贵。曹秀美"要为北京奥运一次唱个够"，大剧院的观众却总也听不够。离开北京之时，曹秀美在心中默念：别了，大剧院，我一定会再回来！

SYLVIE GUILLEM

希薇·纪莲

CHARACTER | 面孔

世界著名的法国芭蕾舞蹈明星。十一岁由体操转而学习芭蕾，五年后进入巴黎芭蕾舞团，十九岁为首席舞者。三年后，她离开巴黎芭蕾舞团，开始多风格舞蹈的探索，是当今舞坛身价最高的舞蹈家之一。2012 年，她在中国国家大剧院上演由世界编舞大师编排的《六千英里之外》《玛格丽特与阿芒》两台作品；2015 年，希薇·纪莲在大剧院的舞台上，带来她的全球告别演出《生命不息》，向三十九年舞台传奇生涯挥手作别。

VOICE | 声音

"一直以来，在追求艺术的道路上，我坚持对一切的不完美说 No。但这里的一切都无懈可击，每一个细节都完美无缺，对这座剧院和这里的人们，我要说的只有 Yes！在这里舞蹈，感觉真好！"

"Miss No"的
慷慨点赞

"太漂亮了，简直令人难以置信！"

这是 2012 年深秋的一天，当希薇·纪莲第一次站在中国国家大剧院高达四十米的优美穹顶下时，情不自禁地发出的惊叹。

在世界"芭坛"，这位大名鼎鼎的"芭蕾女神"有一个流传甚广的绰号——"Miss No"。她舞艺超群，名冠全球，但脾气也是出了名的大。因为对艺术有着近乎极致的追求，她稍觉不完美就会给合作方亮出"黄牌"。

别看这位大明星对大剧院是"一见倾心"，请到她前来，可不是一件易事。

为了请这位超级巨星"出山"，国家大剧院舞蹈艺术总监赵汝蘅女士专门飞到东京为她的演出捧场。当时，赵汝蘅女士充满神秘地跟希薇·纪莲说："你一定要到北京来，你想象不出那里有一座怎样的剧院在等着你！"面对如此"诱惑"，希薇·纪莲点头回答："Yes。"

然而，事情却一波三折。正当双方进入实质性的谈判，中日关系骤然紧张，希薇·纪莲长期"御用"的芭蕾舞团临时变卦，放弃访华。此时，距离正式演出只剩不到三个月的时间，眼看一切就要泡汤，希薇的一个"No"似乎也顺理成章。

不过，大剧院没有轻易放弃，几乎一天一个国际长途，反复向希薇·纪莲传递合作的诚意："这是大剧院举办的第一届国际性的舞蹈节，中国观众期待着您的亮相，请您无论如何一定不要爽约。"

希薇·纪莲在大剧院演出《六千英里之外》剧照

精诚所至，金石为开。希薇·纪莲终于确定要来了！

此后，大剧院开始全世界撒网，为这位"芭蕾女神"物色全新的搭档班底。

一切都必须是最好的，艺术绝不能将就与凑合！

从意大利请来了斯卡拉芭蕾舞团的首席明星马西莫·慕鲁，从伦敦请来了英国皇家芭蕾舞团大名鼎鼎的安东尼·道维尔爵士，从巴黎请来了出类拔萃的奥利维·夏纳特，又从格鲁吉亚芭蕾舞团请来最优秀的群舞演员。

演员挑好了，乐队指挥也必须响当当。大剧院盛邀了英国皇家芭蕾舞团的指挥亚历山大·英格拉姆为舞剧执棒。为完美演绎舞剧中特别选择的李斯特音乐，大剧院又找到了意大利久负盛名的钢琴家大卫·卡巴斯

希薇·纪莲在大剧院演出《六千英里之外》剧照

担任独奏。 就连帮助希薇·纪莲在二十六秒完成抢妆的造型师，也是大剧院千里迢迢从英国招募的高人。

因为多年的伤病，希薇·纪莲每次跳完一场都要躺在一个"冰床"上舒缓肌肉，低温镇痛。大剧院工作人员每天开演前都为她预定七公斤的冰块，这让一向挑剔、习惯说"No"的希薇·纪莲极为感动："这里的每一个细节都无懈可击，对这座剧院和这里的人们，我要说的只有 Yes！"

带着满满的感动，希薇·纪莲如约走上了大剧院的舞台。

希薇·纪莲在大剧院演出《六千英里之外》剧照

    在《玛格丽特与阿芒》中，她是悲情的茶花女，舒展、跳跃、旋转，轻盈地像一朵云，将芭蕾的古典之美渲染到极致；在《六千英里之外》中，她是思想的舞者，用舞动的灵魂进行着生命的终极思考……

    如此在传统和现代间自由起舞，唯有希薇·纪莲。她说："Yes，在这里舞蹈，感觉真的很好！"

    如此完美的演出，如此完美的合作，一个"Yes"足矣。

TAMARA ROJO

塔玛拉·罗赫

CHARACTER｜面孔

出生于西班牙，因擅长挥鞭转素有"圈姐"之称。她曾荣获巴黎国际舞蹈比赛金奖和评委会特别奖、英国"评论界舞蹈大奖"等多项大奖。2008 年、2010 年、2015 年三度随英国皇家芭蕾舞团造访中国国家大剧院，2011 年担任国家大剧院举办的首届北京国际芭蕾舞暨编舞比赛论坛评委。

VOICE｜声音

"中国国家大剧院让我根本停不下来！能拥有这样一座剧院，是中国之幸，也是芭蕾之幸。"

"挥鞭转"女王
根本停不下来

一圈、二圈、三圈……十圈、二十圈、三十圈，……四十圈、四十一圈、四十二圈！舞台上，一位舞者像陀螺般疯狂地旋转！

2008年6月26日，一个连续四十二圈的芭蕾"挥鞭转"纪录在中国国家大剧院诞生了！这一纪录的缔造者叫塔玛拉·罗赫，是英国皇家芭蕾舞团的"台柱子"，更是全球舞迷心中不老的"芭蕾公主"！

这一天，塔玛拉以舞剧《堂·吉诃德》中最经典的大双人舞，挑战芭蕾极限，一口气完成四十二个"挥鞭转"。众所周知，"挥鞭转"是古典芭蕾中最好看也最招牌的炫技动作。一直以来，业内公认的上限是三十二圈，能达到这一"指标"者已属凤毛麟角，而塔玛拉一下子突破四十二圈，简直超越了人体极限。

尽管塔玛拉在舞坛素有"圈姐"之称，"一鞭三转"更是她的拿手绝活，但在大剧院的舞台上，她还是创下了令人目瞪口呆的世界奇迹！"是中国国家大剧院让我根本停不下来！"走下舞台的塔玛拉将傲人的战绩也归功于这座中国的剧院。

原来，作为足尖上的艺术，芭蕾对舞台地板的要求相当之高。舞者立起足尖，虽然舞鞋与台板的接触面积只有火柴盒大小，但台板质量却直接影响着演员的动作质量。塔玛拉有一个习惯，每到一地演出，一定要第一时间上台找找感觉，台板合适了，心里也便踏实了。

当她来到大剧院，脱下鞋子，赤足走上舞台，就仿佛穿上了童话中具有魔力的红

塔玛拉《堂·吉诃德》演出剧照

塔玛拉演出剧照

塔玛拉在国家大剧院第二届国际芭蕾明星荟萃"融合·交响"精品晚会上演出

舞鞋，情不自禁踮起脚尖，轻盈地旋转、跳跃……"天啊，这里的台板真的太棒了，完全不逊于英国皇家歌剧院和巴黎歌剧院！"塔玛拉一边说一边忍不住俯下身，亲手抚摸着脚下的台板。

实际上，塔玛拉的感觉的确没错。国家大剧院拥有中国面积最大的无缝隙专用芭蕾台板，由最富弹性的俄勒冈木制成，并使用三层结构进一步增加弹性，最大限度保护演员的足尖；整幅台板平滑而温润，重达八十六吨，长三十二米，宽二十一米，任何大幅度的腾转挪移都不会被局限和束缚；最为特别的是，此台板还是国内唯一可倾斜式的芭蕾台板，倾斜角度最大可为六度，这样的角度不仅舞者感觉舒适，台下观众也能清晰观赏到每位演员足尖上的动作。

所谓"良禽择木、凤栖梧桐"，正是有了这绝好的舞台条件，一支又一支享誉世界的芭蕾名团才纷纷选择了中国国家大剧院。此次大名鼎鼎的塔玛拉正是跟随英国皇家芭蕾舞团一同前来的。这是该团阔别中国十年后的华丽回归，集结了一百三十人的超豪华阵容，带来九场"马拉松式"的精彩演出。

四十二圈的疯狂旋转，令人眩晕、难以置信。大剧院成就了塔玛拉，塔玛拉也成就了大剧院。在中国观众心中，塔玛拉留下了不停旋转的绚丽背影；而在塔玛拉心中，中国国家大剧院同样也留下了无法替代的美丽倩影。"能拥有这样一座剧院，是中国之幸，也是芭蕾之幸。"塔玛拉感慨地说。

"中国国家大剧院的观众爱戏剧、懂戏剧，在演出过程中，我能感受到台上台下有着真正深入的交流。"

好莱坞老牌影星
在大剧院"救火"

"由于演员临时不适，今晚比得·昆斯的角色将由蒂姆·罗宾斯扮演。"2014年6月15日晚，当国家大剧院小剧场《仲夏夜之梦》演出开始前，字幕上打出这一行字之后，全场一片欢腾。蒂姆·罗宾斯，这位好莱坞老牌影星，这次本来是以剧目导演、剧团艺术总监的身份来到大剧院，最终还是回归演员身份，为自创剧团——洛杉矶演员班剧团的六场中国首秀，画上一个圆满的句号。而这最后一晚的《仲夏夜之梦》，也因他的意外亮相，让一些慕名而来的观众欣喜若狂。

"我也没想到，第一次登上大剧院的舞台，会是以这样的契机。"走下舞台的蒂姆唇角略带自嘲的微笑。就在前一晚《仲夏夜之梦》演出后，有观众问蒂姆：最向往剧中的哪个角色？他笑着回答："我熟悉所有

的台词，哪个角色出了状况我都能顶得上。"

一语成谶。谁能想到，第二天扮演"比得·昆斯"的演员，因为身体临时出了状况，使得大名鼎鼎的蒂姆·罗宾斯真的成了"救火队员"。虽然《仲夏夜之梦》中"比得·昆斯"一角的戏份并不很重，但也有二十分钟左右。演出前，身为老戏骨的蒂姆还是有些紧张地在侧台反复记诵台词，一位坐在靠近侧幕的粉丝甚至注意到蒂姆在幕后手持救急台词纸条的身影。演出时，他近两米的身高在满台演员中尤为突出，加上彪悍的演技，虽不是主角，却从始至终都十分抢眼。谢幕时，毫无悬念的，他收获了全场最多的掌声和欢呼声，几乎所有观众都举着手机对他拍照……

"能登上这个舞台，我们感到万分荣幸。

蒂姆·罗宾斯指导《仲夏夜之梦》排练

我和剧团全体都非常重视此次中国国家大剧院之行，这是剧团第一次来到中国，我们必须拿出自己最好的作品。"

蒂姆之前一直为此次中国首演精心组建团队，来华的十二位演员全部是剧团中的佼佼者。而大剧院小剧场先进的设施，也激发了他的创作灵感。"这个剧场与传统意义上的黑匣子剧场很不一样，它不是一个全黑的剧场，舞台还有部分升降功能。"于是他撤下了所有舞美布景，让演员们以台词和充满韵律感的肢体舞蹈，来表现莎翁笔下的魔幻森林。"中国的舞台艺术有虚拟特色，我觉得可借鉴，我认为这样处理也更适合这个剧场。"

作为拥有三十三年戏剧生涯的资深戏剧人，蒂姆非常重视观众的感受。排练中的大多数时间，他都会坐在观众席中，以观众的角度审视、调整作品，并为作品设置了与观众互动的环节。比如这次《仲夏夜之梦》的结尾处，被乱点鸳鸯谱的几对爱人会走向观众，张开怀抱。

6月15日晚，很多观众就得到了蒂姆热情的拥抱，他们纷纷在大剧院的微博、微信上兴奋地留言："作为大剧院的观众，能得到影帝的拥抱，特别幸福！"

蒂姆·罗宾斯特写

VALENTIN VASILIEV

瓦伦丁·瓦西里夫

CHARACTER | 面孔

世界著名的合唱指挥家，保加利亚人。以擅长指挥合唱团著称，曾担任奥地利"布雷根茨音乐节"、澳大利亚"悉尼音乐节"、法国"阿维尼翁音乐节"等世界著名音乐节的合唱指挥。2012 年，瓦伦丁现身中国国家大剧院，担任大剧院版《漂泊的荷兰人》一剧的合唱指挥。

VOICE | 声音

"一百天的朝夕相处，已让我深深地爱上了这方舞台，爱上了中国国家大剧院合唱团！这座朝气蓬勃的剧院，一定会成为我最思念的东方家园！"

热情的"船长"

瓦伦丁·瓦西里夫何许人也？他是2012年中国国家大剧院制作歌剧《漂泊的荷兰人》的合唱指挥。瓦伦丁在世界合唱指挥界素有"冠军教头"之称，足迹遍布世界，阿维尼翁音乐节、布雷根茨音乐节、悉尼音乐节都对他青睐有加。2012年，中国国家大剧院筹备推出瓦格纳巅峰之作《漂泊的荷兰人》，瓦伦丁自然成为合唱指挥的最佳人选。

然而，瓦伦丁·瓦西里夫一时却有些举棋不定。这些年，他早已对中国国家大剧院有所耳闻，能参与它制作的第一部瓦格纳歌剧，无疑是一种荣耀。但与此同时，他又不免担心，《漂泊的荷兰人》是瓦格纳向"乐剧"迈出的第一步，剧中首次系统运用"主导动机"的创作方式：音乐与故事并重，

人声与管弦乐完美融合。全剧的音乐和歌唱从始至终都浑然一体且挑战极大，被不少歌唱家封为"最难的德语歌剧之一"。那时，中国国家大剧院合唱团刚成立两年，带领一支新锐部队攀登瓦格纳的这座"珠峰"，瓦伦丁的心里不免有些打鼓。

但在一口气看完了国家大剧院寄来的十部制作歌剧视频后，瓦伦丁的顾虑打消了。"这支合唱团音质纯净、充满活力，我看到了它身上蕴藏的巨大潜质。"

随即，瓦伦丁推掉了其他行程，提前四个月出现在了国家大剧院排练厅。在这里，他用剧中角色"水手们"来亲切称呼合唱团的年轻人，而团员们也给这个保加利亚人取了一个昵称——"船长"（Captain）。

这位船长为大剧院合唱团定下目标：

瓦伦丁·瓦西里夫指导国家大剧院合唱团排练

《漂泊的荷兰人》的德语演唱，一定要达到演唱意大利歌剧时的功底。因此第一个月，瓦伦丁并不急着教授"绝招"，而是当起德文老师，从德语最基础的元音辅音、发声位置、节奏语调一一教起。他上起课来争分夺秒，课下也不放过任何一个机会。"记得一天中午，我们几个团员在咖啡厅边休息边背谱，瓦伦丁来买咖啡正好碰上，他当即走过来对我们进行一对一指导，那天，我们就在咖啡厅旁若无人地唱了起来。"大剧院合唱团的团员回忆道。

一百天的潜心磨砺，他让国家大剧院合唱团淬炼出了珍珠般的音色。2012年4月3日《漂泊的荷兰人》首演之夜，合唱团一开声就惊艳了所有人的耳朵，高亢的"水手之歌"、俏皮的"纺织女工之歌"、荡气回肠的"救赎之歌"，把一部流浪悲歌演绎得淋漓尽致。有乐评人感慨道："大剧院第一次制作瓦格纳歌剧就非常成功！尤其是大剧院合唱团实力惊人，他们的音色与国外名团相比，毫不逊色！令人赞叹！"

舞台背后，瓦伦丁也难掩激动，他一一拥抱每一位合唱团团员，动情地说："一百天的朝夕相处，已让我深深地爱上了这方舞台，爱上了中国国家大剧院合唱团！这座朝气蓬勃的剧院，一定会成为我最思念的东方家园！"

VALERY GERGIEV

瓦莱里·捷杰耶夫

CHARACTER | 面孔

世界著名的俄罗斯指挥家。2007 年，他携俄系经典歌剧《伊戈尔王》为中国国家大剧院歌剧院进行揭幕演出；2011 年至 2015 年，连续五年率领马林斯基交响乐团登台大剧院；2014 年，在捷杰耶夫的盛邀下，国家大剧院与马林斯基剧院联合制作的歌剧《叶甫盖尼·奥涅金》登上"白夜艺术节"舞台。

VOICE | 声音

"中国国家大剧院正在向世界展现一种'中国现象'——虽然没有任何坚实的歌剧传统，却可以一跃跻身于世界歌剧领先的位置。中国有如此好的剧院，对于全世界而言是一件幸事。包括我自己在内的很多艺术家，都已成为大剧院的忠实粉丝。"

是"姐夫"
更是知音

在中国乐迷为艺术大师起的绰号中，也许没有哪一个比瓦莱里·捷杰耶夫的绰号更具亲切色彩了。这位俄罗斯指挥大师在中国有另一个可爱的名字——"姐夫"，这一中文谐音式的称呼，一出口就将大师拉入了亲人的行列。事实上，名冠全球的捷杰耶夫大师对中国乐迷、对年轻的中国国家大剧院，确实怀有一份名副其实的相亲相惜。他与大剧院一次次的牵手合作，也确实展现着一种亦亲亦友的深厚情谊。

早在1998年，捷杰耶夫首次访华，就听说毗邻天安门的北京中心位置正在建造一座超大规模的国家级剧院。2006年，再次到访的捷杰耶夫在紧张的行程中，专程参观了仍在建设中的大剧院。2007年年底，"水上明珠"落成开幕，为亲自见证这一历史性

时刻，捷杰耶夫权衡再三，不惜承担高额经济损失，解除了和纽约大都会歌剧院的演出合同，携俄系歌剧最经典的《伊戈尔王》为大剧院揭幕，成为大剧院历史上第一位到访者，也终于圆了自己多年的夙愿。

从2011年起，"姐夫"连续五年率领马林斯基交响乐团造访大剧院，献上原汁原味的俄罗斯音乐瑰宝。从柴科夫斯基到肖斯塔科维奇，从斯特拉文斯基到普罗科菲耶夫，年复一年，捷杰耶夫在大剧院举办的俄罗斯作品专场音乐会，已经成为中国观众最期待的音乐飨宴。

而更具意义的是，"姐夫"在与大剧院日渐默契的合作中，形成了对中俄音乐的双向推动。

捷杰耶夫在大剧院音乐厅

　　2014 年 7 月 25 日至 26 日，由国家大剧院与马林斯基剧院联合制作的歌剧《叶甫盖尼·奥涅金》受邀登上俄罗斯"白夜艺术节"的舞台。在剧中担纲主角的田浩江等几位中国歌唱家，让世界聆听了来自中国的好声音。而在这之前，"白夜"的舞台上鲜有中国面孔与中国声音。

　　白夜艺术节之于俄罗斯，就如同萨尔茨堡音乐节之于奥地利、逍遥音乐节之于英国，堪称世界上屈指可数的几大顶级艺术节之一。中俄联袂打造的《叶甫盖尼·奥涅金》之所以能够拿到"白夜"的入场券，除了作品本身的精良品质，还有一个更深层次的原因，那就是"姐夫"的盛情邀约和积极推动。

　　殊不知，白夜艺术节正是由捷杰耶夫一手创办，并由他连续二十多年出任艺术总监。中国国家大剧院版《叶甫盖尼·奥涅金》与其说是"近水楼台先得月"，倒不如说是深深打动了这位俄罗斯"姐夫"。2014年 3 月 14 日，当捷杰耶夫站在国家大剧院乐池中，执棒这部他无比熟悉的经典作品时，依然无法抑制内心的感动："这一版本与众不同，优美至极。中国艺术家的表演无懈可击，我想他们理解俄罗斯，更理解普希金那深邃的诗意。我一定要将这部作品推荐到我的祖国，说到做到。"

捷杰耶夫在大剧院音乐厅演出特写

捷杰耶夫在大剧院音乐厅指挥音乐会

大师没有食言。而更令人欣喜的是，仅仅几个月后，捷杰耶夫又回来了，这是他一年之中第三次相约北京、相约大剧院。这一回，他带来了普罗科菲耶夫的全套作品，也许只有如此超大体量的巨人手笔，才足以表达他对中国的偏爱与眷顾。他的手中挥舞的，依然不是指挥棒，依然只是一根小小的牙签，这是大师多年来的怪癖和习惯，熟悉他的中国粉丝早已习以为常，"姐夫"和他的牙签，在他们心中就代表着音乐的力量。

同样，在大师捷杰耶夫心中，国家大剧院也代表着某种神奇的力量："中国国家大剧院正在向世界展现一种'中国现象'——虽然没有任何坚实的歌剧传统，却可以一跃跻身于世界歌剧领先的位置。中国有如此好的剧院，对于全世界而言都是一件幸事。包括我自己在内的很多艺术家，都已成为大剧院的忠实粉丝。"

VLADIMIR ASHKENAZY

弗拉基米尔·阿什肯纳齐

CHARACTER | 面孔

钢琴、指挥"双料大师"。作为钢琴家,他是俄罗斯钢琴学派的杰出代表,也是二十世纪录制专辑最多的钢琴家之一,被誉为"键盘上的马拉松健将"。从钢琴生涯的中期开始,他涉足指挥界,曾被英国爱乐乐团、冰岛交响乐团等授予"桂冠指挥家"的称号。自 2008 年起,先后以指挥和钢琴家的身份多次造访中国国家大剧院。

VOICE | 声音

"中国国家大剧院的观众是真正得体、专业的观众,他们懂得享受音乐,懂得如何鼓掌。"

"当我漫步在水下廊道,明媚的阳光荡漾在头顶的水波上。我意识到,新世纪的阳光正照耀着这个国家,与三十年前相比,一切都已不可同日而语。"

阿什肯纳齐眼中的
"中国变奏曲"

"那时，我被淹没在深蓝色的海洋中，所有人都穿着同样颜色的中山装，一些西方的古典音乐还在禁演之列。"1979 年，世界著名钢琴家弗拉基米尔·阿什肯纳齐应 BBC 之邀，来华拍摄纪录片，彼时的中国给他留下了难以磨灭的印象。

阿什肯纳齐没有想到，若干年后，当他再次回到这里，记忆里的中国已经发生了脱胎换骨的深刻变化。一切基于一场老师为学生"救场"的意外契机。2008 年 8 月，新生代指挥家瓦西里·派切克因为突发情况，失约中国国家大剧院。他的老师——阿什肯纳齐老将出马，亲自"挂帅"，携有着一百四十人的欧盟青年交响乐团，为北京观众奉上了波澜壮阔的交响盛宴——马勒《第二交响曲》。时年，阿什肯纳齐七十一岁，距离他第一次造访中国已经整整三十年。这

位由钢琴家成功转型的知名指挥，虽然近年来频繁访华，但此次国家大剧院之行，还是让他感受到了前所未有的冲击与震撼。

"当我穿过天安门，一座充满现代设计感的建筑映入我的眼帘，它那样优雅，那样宏大，像是一个难以置信的梦。我不敢相信，在中国最心脏的位置，竟然有这样一座剧院拔地而起。这里的舞台，拥有世界顶级的硬件条件；这里的音乐厅，拥有全球罕有的巨型管风琴。这让我联想到了三十年前，偌大的中国还没有一个真正专业的剧院，这座城市也远不如现在这般，高楼大厦林立，大道四通八达。"

而让阿什肯纳齐感到最不可思议的，还是人的改变。阿什肯纳齐回忆道，三十年前，他初来中国，能与他用英语直接交流的

阿什肯纳齐与中国演奏家王健合作

人凤毛麟角。但如今，大剧院几乎任何一个年轻的工作人员，都可以在几种不同语言间轻松切换，非常国际化。在对大师的接待与服务中，他们专业、周到，又充满自信，常常让阿什肯纳齐刮目相看。

当然，还有观众。阿什肯纳齐发现，大片大片的蓝色"中山装"早已不见，人们衣着优雅，精神焕发，在剧场里谦让而有序，面对艺术家大方而热情。"中国国家大剧院的观众是真正得体、专业的观众，他们懂得享受音乐，懂得如何鼓掌，懂得在谢幕时热情抛出意大利文的"Bravo"，甚至连马勒《第二交响曲》这样艰深的作品，他们也来者不拒，懂得欣赏。"

自2008年第一次与大剧院牵手之后，阿什肯纳齐便成了这里的常客。和很多艺术家一样，他享受大剧院的舞台，也为它深深着迷。2010年11月，这位告别琴坛多年的大师以罕有的钢琴家身份荣耀回归。这一次，他与儿子沃夫卡一起登台，为大剧院献上了一场极为别致的音乐会。这是一台难得一见的双钢琴音乐会。与人们熟悉的四手联弹不同，阿什肯纳齐父子二人，以两台钢琴的默契对话，完成了行云流水、天衣无缝的平行演奏。阿什肯纳齐坦言，从第一次与大剧院结缘后，他就立志要把儿子沃夫卡也带到这里。这是一个巨大的平台，任何一个世界性的艺术家，都需要认识中国，也需要被中国认识。

在阿什肯纳齐看来，国家大剧院就像一面镜子，映照出当今中国的文化形象，更奏响了一支生动的"中国变奏曲"。透过这面镜子，他看到了中国三十年的发展与变化。这深刻的巨变让阿什肯纳齐无限感慨："当我漫步在水下廊道，明媚的阳光荡漾在头顶的水波上。我意识到，新世纪的阳光正照耀着这个国家，与三十年前相比，一切都已不可同日而语。"

VLADIMIR MALAKHOV

弗拉基米尔·马拉霍夫

CHARACTER | 面孔

当今舞蹈界最知名的舞蹈家之一。1986 年加入莫斯科古典芭蕾舞团，成为该团最年轻的首席舞蹈演员。2013 年 6 月，他作为艺术总监携柏林芭蕾舞团造访中国国家大剧院，带来舞剧《仙媛》《芭蕾精品荟萃》两台大戏。

VOICE | 声音

"近几年来，中国国家大剧院在全世界是一个高频出现的词。我经常听业内同行谈论它，情绪中有掩饰不住的惊喜与向往。当我意识到，自己的舞台生命已经进入最后的倒计时，我多希望也能在这个舞台尽情地跳一次，我不想自己的艺术生涯有任何缺憾，大剧院无疑会令我更加完整，更加圆满。"

马拉霍夫在大剧院公共空间留影

"世纪舞神"
精彩谢幕大剧院

　　在人们的印象中，芭蕾舞台的天鹅形象永远只属于那些身着舞裙，挽起优美发髻的足尖女神。然而，2013年6月5日，中国国家大剧院的舞台上却飞来一只男版的"天鹅"，他叫作弗拉基米尔·马拉霍夫。在当代舞坛，他有一个更为响亮的名号——"世纪舞神"。芭蕾的世界，似乎一直都阴盛阳衰，女性舞者始终是绝对的主角，男性则常常充当"把杆"和"托举"的角色。"芭蕾"仿佛生来就带着女性的色彩，与铮铮男儿气概相去甚远。但马拉霍夫的出现却犹如一匹黑马，为芭蕾舞台带来了极为耀眼的男性光芒。遒劲的舞姿，眩目的旋转，大开大合的张力与气势，终于让观众领略到：男子芭蕾，原来也可以如此惊艳！"芭蕾英雄"的传奇还不止于此，年少成名的马拉霍夫不仅是舞台上的巨星，还是柏林芭蕾舞团的创立者和掌舵人。正是在他的积极推动下，这支颇负盛名的舞团才第一次踏上中国的土地。

　　在神圣哀婉的旋律中，这位男性舞者以无法比拟的力与美，演绎了《天鹅之死》这部经典的芭蕾"独角戏"，传递出浓浓的"殇"之痛。最后，当他轻盈地凌空一跃，优雅地落地站定，整个身体慢慢俯向大地，归于沉寂，完美定格……整个剧场在窒息般的片刻静谧后旋即沸腾，雷鸣般的掌声，山呼海啸的叫好，如潮水般涌向了舞台，向这位大师级舞者致敬。这是马拉霍夫第一次在国家大剧院亮相，但遗憾的是，也是中国观众最后一次见到他"天鹅展翅"。

　　舞台上，当马拉霍夫经典的舞姿定格为一尊绝美的雕塑，没人能想到，这位技艺精湛、炉火纯青的舞者彼时已经四十五岁，按照舞坛惯例，早已过了"退休年龄"。更没人能想到，国家大剧院的这一舞，意味着永久的告别。此次演出之后，"超期服役"的马拉霍夫将正式退居幕后。

这一阕《天鹅之死》成为了马拉霍夫的"天鹅之歌"，他将精彩的谢幕留给了中国，留给了大剧院。这是大剧院的荣耀，也是大师本人的夙愿，他表示，近几年来，中国国家大剧院在全世界是一个高频出现的词，"我经常听业内同行谈论它，情绪中有掩饰不住的惊喜与向往。当我意识到，自己的舞台生命已经进入最后的倒计时，我多希望也能在这个舞台尽情地跳一次，我不想自己的艺术生涯有任何缺憾，大剧院无疑会令我更加完整，更加圆满。"

也许正因如此，马拉霍夫格外重视这次演出。他不仅带来了舞团的十位首席，自己也分别在舞剧《仙媛》与《芭蕾精品荟萃》两台演出中挑起大梁。为呈现最佳的表演状态，大师即使在幕后也分秒必争。一下飞机就一鼓作气开始训练，不倒时差，也不休息。开演前的最后几分钟，他仍在侧幕安静地压腿、开胯，神情专注，旁若无人。私下，他偷偷告诉工作人员，自己的两膝都动过手术，膝盖的韧带甚至是人工的。每次跳舞，伤处都会疼痛难忍。然而，当大幕拉开，观众不会感受到痛，只会领略到美，芭蕾之美，艺术之美。

而在中国的这段日子里，马拉霍夫同样也领略到了中国之美。除了美丽的大剧院给他留下了极为深刻的印象，他也坦言自己是个十足的"吃货"，对中国的美食文化非常痴迷。此行除演出外，他还有两个愿望，一个是去爬长城，体验一把"当好汉"的滋味，另一个就是品一品地道的北京烤鸭。尽管演出行程十分紧张，他还是见缝插针地窜到北京的大街小巷去吃烤鸭。大饱口福的马拉霍夫，在离开后依然意犹未尽，对中国的"这一口"念念不忘，对国家大剧院更是念念不忘。

马拉霍夫在大剧院演出剧照

ZUBIN MEHTA

祖宾·梅塔

CHARACTER | 面孔

世界著名印度籍犹太人指挥家。身在乐坛近六十年，获得无数殊荣。曾任维也纳爱乐乐团、加拿大蒙特利尔交响乐团、纽约爱乐乐团、慕尼黑巴伐利亚国家歌剧院、以色列爱乐乐团等世界名团的音乐总监。2008 年以来，多次在中国国家大剧院执棒音乐会；2015 年 1 月，首次执棒国家大剧院制作的歌剧《阿依达》。

VOICE | 声音

"这是一座总能创造奇迹的剧院，作为印度人，我真的很嫉妒！我期待有一天，我的祖国也能像中国一样，拥有这样一座伟大的剧院，创造像《阿依达》一样出色的作品！"

大师爱上
"老干妈"

2015年新年刚过,中国国家大剧院售票前台的电话此起彼伏,几乎要被打爆。所有人都热切打听着一部剧,那便是大剧院的开年大戏——歌剧《阿依达》。此时,距离该剧正式上演还有整整十一天,首演票房已全部告罄,一张不剩。演出当晚的盛况也可在铺天盖地的媒体报道中看出端倪。1月26日的《北京晨报》这样写道:"这场演出简直就像一个盛大的庆典,全场观众兴奋得如同过年一样。"

这版《阿依达》缘何如此火爆?是中国国家大剧院精良的制作品质使然,是"中国夜莺"和慧为首的阵容亮眼使然。当然,还有一个更重要的原因,那就是指挥泰斗祖宾·梅塔的亲自挂帅。此番,距离梅塔上一次在中国挥棒歌剧,已整整相隔十七年。1998年,大师领衔的太庙版《图兰朵》轰动了中国,也惊艳了世界。如此奢侈的"歌剧享受",中国观众终于在国家大剧院版的《阿依达》中再次得以领略和体验。

自大剧院落成开幕以来,祖宾·梅塔多次亲率维也纳爱乐乐团、以色列爱乐乐团、西班牙瓦伦西亚交响乐团在这里亮相。一来二往间,他与大剧院缔结了深厚友谊。多年来,祖宾·梅塔一直在等待机会:作别《图兰朵》之后,他从心底渴望与中国歌剧再续前缘。与此同时,大剧院也一直在等待机会:将威尔第最经典的《阿依达》搬上舞台,这是一座剧院彪炳实力的必由之路,但这部宏阔壮美的史诗之作必须得由一位大指挥亲自执棒。于是,从2011年起,双方就开始酝酿合作,梅塔发下宏愿:"我要为

祖宾·梅塔在音乐厅演出

中国国家大剧院打造一版全世界最棒的《阿依达》！"

　　君子一言，驷马难追。为兑现承诺，梅塔大师对全剧倾注了无与伦比的心血与气力。1月9日飞抵北京，2月1日演出落幕，梅塔在大剧院一"泡"就是二十多天。这对一位分秒必争的泰斗级指挥来说，绝对属于"超长服役"。从头盯到尾，是欧洲歌剧制作的老派做法，但在快节奏的当下，似乎已不合时宜。"我知道有的指挥家，晚上演出，恨不得当天上午才到！但我是个老派的人。我坚信必要的坚守一定会对音乐有出其不意的帮助。"

　　从音乐作业到乐团排练，从戏剧表演到舞台合成，祖宾·梅塔全程紧密参与，事事亲力亲为。一扎进排练厅，他就成了"拼命三郎"，从早十点"拉练"到晚十点，困了累了就喝几口冰水提神。原本应由助理指挥负责的部分，大师也不甘心做"板凳队员"，常常按捺不住热情，跑上场来躬身示范。为节省时间，大师用餐毫不讲究，一只香蕉，几片饼干，再就上几口他最爱的中国"老干妈"，常常就顶一顿午饭。他的休息室里，摆放着大大小小的辣酱瓶子，他说："我爱吃辣，一到北京就先去超市扫荡了一遍。"大师呵呵乐着，像极了一个俏皮的老顽童。

祖宾·梅塔在大剧院音乐厅指挥

　　然而岁月不饶人。七十九岁的梅塔在休息间隙，也会偶尔被摄影师抓拍到张大嘴巴、连打哈欠的可爱瞬间。工作人员心疼大师，经常问他要不要休息，老爷子总是温和一笑："请不要跟我说休息，我来就是工作的！"有一次，大剧院院长陈平前来"探班"，请他坐下休息一会儿，谁知梅塔双手一摊："我的职业就是站着！"这就是祖宾·梅塔，始终以老派人的细腻手法、老派人的质朴情怀，坚持把作品打磨到珠圆玉润、炉火纯青，方肯罢休。

　　2015年1月24日晚，大剧院版歌剧《阿依达》开启大幕，一部荡气回肠的埃及爱情史诗徐徐展开。随着大师指挥棒的飞扬，高亢豪迈的《凯旋进行曲》瞬间奏响，凯旋的埃及军队浩浩荡荡，华丽的埃及舰船威风扬扬……所有人都醉了，几乎不止一篇评论认为：在大剧院若干年的艺术生产实践中，《阿依达》堪称集大成的巅峰之作。"做一部全世界最棒的《阿依达》！"祖宾·梅塔没有食言，他说到做到。

　　当梅塔在开场和两个幕间，从乐池探出头来向观众致意时，总会迎来全场迎接国王一般的热烈欢呼。"Bravo"的喝彩不绝于耳，梅塔则会转过身来向观众席回应："Bravi！"原来在意大利语中，Bravo是单数，明摆着是观众给梅塔喝彩，而Bravi是复数，梅塔是在提醒观众，这个喝彩应该献给国家大剧院，献给所有参演的艺术家。

　　在梅塔心里，《阿依达》的成功绝非他个人的功劳。"这是一座总能创造奇迹的剧院，作为印度人，我真的很嫉妒！我期待有一天，我的祖国也能像中国一样，拥有这样一座伟大的剧院，创造像《阿依达》一样出色的作品！"梅塔如是说。

ばんどう・たまさぶろう

坂东玉三郎

CHARACTER | 面孔

日本国宝级歌舞伎大师。在日本，歌舞伎演员是世袭制，他于二十五岁时正式袭名，成为第五代坂东玉三郎。他多次跨界与不同领域的艺术家合作，曾导演及主演电影《天守物语》，并先后与莫里斯·贝嘉、巴拉什尼科夫合作创作舞蹈。2011 年 5 月，他在中国国家大剧院主演了中日版《牡丹亭》。

VOICE | 声音

"我向往中国，是因为日本戏剧受中国音乐的影响非常深远，我一直在寻'根'，这个'根'原来就在中国的昆曲里。我一直认为，自己的昆曲之梦不够圆满。这一次，能在中国国家大剧院，能在中国最高的艺术殿堂，独挑大梁，演出全本《牡丹亭》，这才是圆满！"

歌舞伎大师的
"破例"

2011年5月9日，一身素雅、妆容惨白的"杜丽娘"在国家大剧院小剧场的舞台上缓缓走来，气若游丝，凄楚哀婉，令人伤怀痛绝。

这是中国国家大剧院"纪念昆曲申遗十周年"演出的一幕，舞台上这位念着苏白的杜丽娘，不是中国人，而是来自日本的歌舞伎大师——坂东玉三郎。

一曲《离魂》演罢，日方工作人员感慨万千，他们说，在日本，即使首相出面相邀，坂东也绝不会参演"堂会"。而就在四天前，坂东刚在这方舞台，首次为北京观众献上了全本《牡丹亭》。"延期回国、打破规矩，看来这一次，他是真的爱上了中国，爱上了中国国家大剧院。"

从日本到中国，从岛国歌舞伎到六百年水磨昆腔。这份奇缘，还要从九十多年前说起。

上世纪初，中国京剧大师梅兰芳两度访日，与坂东玉三郎的祖父十三世守田勘弥同台演出，两人成为好友，守田家族也因此与中国结缘。

在家庭氛围影响下，坂东喜欢上了中国文化。1987年，他曾专程到北京，向梅葆玖大师学习京剧《贵妃醉酒》，并把其中的台步和水袖，应用到了自己的歌舞伎《玄宗与杨贵妃》中。

2007年在观看完昆曲《牡丹亭》后，坂东大为震惊，决心将原汁原味的昆曲搬上日本舞台。"我向往中国，是因为日本戏剧受中国音乐的影响非常深远，我一直在寻'根'，这个'根'原来就在中国的昆曲里。"

坂东玉三郎大剧院演出剧照，在昆曲《牡丹亭》中饰演杜丽娘

为了演好这出《牡丹亭》，坂东玉三郎在苏州拜师。为加深对唱词的理解认识，他研读《论语》《孟子》《老子》《庄子》；为突破语言障碍，他用五个日本元音为中文注音，把剧本改成了"心电图"……

辛苦没有白费，2008 年，中日版《牡丹亭》在日本京都公演二十场，一改歌舞伎演员不谢幕的传统，在观众的热烈掌声中，坂东谢幕长达三十分钟。此后，《牡丹亭》登陆东京、北京、上海、香港、苏州，获得巨大成功。

然而，对于坂东玉三郎来说，这还不算真正的圆满。"以往是和中国男旦合作，我仅演出其中《惊梦》《离魂》两折。能在中国最高的艺术殿堂，独挑大梁，演出全本《牡丹亭》，才是圆满！"

2011 年，中国国家大剧院为纪念昆曲申遗成功十周年，策划了持续一年的"大雅之美"昆曲系列演出，云集十七场演出、三十余位昆剧名家，坂东玉三郎也在其中。

一接到大剧院的邀请，这位以"克己淡

然"著称的大师，却"不淡定"了。他早早就抵达北京，每天都泡在排练厅里。为了维持形体，他节制饮食，只在上午十点、下午三点少量进食。一到休息时间，他就戴上耳机，反复背诵中文念白。他婉拒了大使馆提出的一切社会活动，却在得知大剧院将举办昆曲申遗纪念大会后，推迟归国，主动请缨。

"不到园林，怎知春色如许"，坂东玉三郎戏称，《牡丹亭》里，杜丽娘是推开窗户看到了春天，"我自己也是推开了一扇中国文化的门，从此痴迷上了。因情成梦，因梦成戏！"

从歌舞伎的纯表演到昆曲的开口唱，从不会一句中文到苏白地道、昆腔纯正，从日本到中国，这份源于昆曲的梦持续发酵，温暖着越来越多观众，正如文化名人于丹在看完坂东玉三郎的表演后，发给大剧院工作人员的一则短信所言："一种艺术可能真的是一种信仰，它会超越时空，超越民族，光芒万丈！"

坂东玉三郎大剧院演出剧照

—————————— 喷薄的热情

ANDRAS SCHIFF

安德拉斯·席夫

CHARACTER | 面孔

匈牙利钢琴家，凭借优雅的琴音和对音乐严谨的态度成为当今世界琴坛中的一位大师级演奏家。自 1974 年获得柴科夫斯基国际钢琴比赛大奖后，成为炙手可热的钢琴家，柏林爱乐乐团、维也纳爱乐乐团及纽约爱乐乐团都争相与之合作，被公认为巴赫的权威演绎者。2011 年、2013 年两次加盟中国国家大剧院"国际钢琴系列"音乐会。

VOICE | 声音

"谢谢，我想说的只有感谢，是中国国家大剧院与我一道，成就了这场演出，成就了音乐，成就了艺术！我已经等不及再回来了，我想我爱上了这个'巨蛋'。"

嘘！安静，
席夫来了！

目不转睛、屏息凝神，连欠一下身子都尽可能小心翼翼，中国国家大剧院音乐厅近两千观众生怕发出一丝声响，惊扰了台上的大师。这一天是 2011 年 2 月 27 日，八十三岁的匈牙利钢琴大师安德拉斯·席夫身穿唐装、紧闭双目弹奏着巴赫的《十二平均律》。

几个月前，席夫造访大剧院的消息刚一传出，国内的"席夫迷"们纷纷躁动起来，甚至盛原等一些中国钢琴家也翘首以盼，早早买了票。在他们心中，席夫是一个神话。这位全球公认的"巴赫最权威代言人"在上世纪七十年代录制的巴赫作品集，被视为"教科书"式的不朽经典。在这之前，大师只存在于唱片中。如今，他就活生生地出现在眼前。

这是这位年过耄耋的殿堂级大师第一次与中国乐迷面对面，也是老人家第一次踏上中国的土地。这，无疑是历史性的一刻。为了这一刻，国家大剧院历经三年的努力，几经周折，终于让席夫从唱片里"走"到了眼前。

实际上，国家大剧院也是席夫此次中国之行的唯一一站。大剧院铆足了劲儿，不让这弥足珍贵的演出留下一丝瑕疵。熟悉席夫的人知道，他在演奏不同作品时，对钢琴的选择极为讲究，在大师眼中，每一架琴都拥有生命，拥有不同的风格与气质。席夫的飞机还没着陆，大剧院已经做好准备：从响亮有力的"斯坦威"到色彩丰富的"贝森朵夫"，从音质纯净的"法西奥里"到低调华丽的"斯坦格列泊索纳"……琴库中各大品牌的"名宿"，工作人员都一一调试妥当，只等大师来"钦点"他的伙伴。

席夫在大剧院音乐厅举办独奏音乐会

演出当晚，步入音乐厅的每一位观众都获赠了一张粉色的便条，上面写道："嘘！安静，席夫来了！让我们遵守如下约定：不拍照，不随意走动，不使用录音录像设备，不发出不必要的声响。完美的音乐会，需要完美的艺术家，更需要完美的观众。"

原来，席夫是一位极其"敏感"的钢琴家，一声咳嗽、一点声响，都可能影响他的发挥。为让大师安心，大剧院特意印发了这个贴心的提示。

当大师抬起手臂，偌大的音乐厅果然鸦雀无声，只有音乐，所有人都进入到音乐的真空。席夫一气呵成，七十分钟的《十二平均律》行云流水，十二首乐曲间全无任何休息。大师全程背谱，以无可匹敌的技艺与耐力，征服了现场的所有人。"谢谢，我想说的只有感谢，是中国国家大剧院和所有观众，与我一道，成就了这场演出，成就了音乐，成就了艺术！"演出结束后，席夫大师难掩激动。

对席夫而言，垂青他、理解他的也许远不止北京的观众。2月23日在走下飞机的第一刻，席夫就萌生一个小小的心愿。"北京会下雪吗？"大师向身边的工作人员悄悄询问。没想到，就在第二天，刚刚春意乍现的北京突然降起一场不小的春雪。大师兴奋地在雪地上踩出一串脚印，又伸手接着飘落的雪花，当他回头看见白雪覆盖的大剧院，不禁叫道："天哪，它简直美得像一位女神！我想我已经爱上了这个'巨蛋'。"

CECILIA BARTOLI

塞西莉亚·巴托莉

CHARACTER | 面孔

意大利著名歌唱家。以擅长演绎莫扎特和罗西尼的经典
作品而扬名于世。能够分别演绎女高音和女中音角色的
她被认为是当世最为杰出的次女高音之一。曾多次获
得格莱美、德国回声奖、全英古典音乐奖等国际奖项。
2013 年在中国国家大剧院举办独唱音乐会。

VOICE | 声音

"在中国国家大剧院演出感觉妙不可言，这里的声音效果
富有活力，观众们的热情让我受宠若惊。大剧院，精彩，
妙极，令人惊叹！"

"恐飞症"
主动要"再来"

2013 年 10 月 7 日，数以千计的音乐爱好者，在国家大剧院度过了一个无比幸福的夜晚。被世界誉为"天才女歌唱家"的塞西莉亚·巴托莉，在乐迷们苦等五年后，终于在中国国家大剧院奉上了她的独唱音乐会。

巴托莉是谁？她是唱片销量突破千万的世界级艺术家，是萨尔兹堡音乐节最年轻的艺术总监，更是与乔治乌、弗莱明两位歌剧界"大青衣"并驾齐驱的头牌女高音……在全世界乐迷的心中，巴托莉可以称得上是"神"一般的偶像。只可惜，这位大名鼎鼎的歌唱家患有严重的"恐飞症"，所以很少坐飞机进行国际巡演。能有机会看到她的现场演出，对乐迷而言，显得弥足珍贵。

而巴托莉与大剧院的这次机缘，也可谓好事多磨。原本早在 2008 年大剧院刚开幕时，她就曾经与乔治乌和弗莱明一起受邀来北京举办独唱音乐会，可惜最终与北京擦肩而过，于是乐迷们眼巴巴地又等了五年！之后，在大剧院多次的邀请下，巴托莉尽管因身体欠佳，在临行前三次取消航班，但这一回终于如约而至。

10 月 6 日，巴托莉走进国家大剧院的音乐厅。她提出的第一个问题是"这个音乐厅是谁设计的？"听闻工作人员回答"柏林爱乐大厅的设计者丰田泰久为这个厅做了音响调试"后，她显得特别兴奋。随即她走到楼座一排的位置，张嘴唱了一个音；走到舞台前，用双手连续打起响指。在反复试音后，巴托莉十分惊喜："这里的感觉妙不可言，这里的声音非常富有活力。"

巴托莉参加在大师俱乐部举行的欢迎仪式

　　演出当天，巴托莉的亮相让观众的热情达到了顶点，一开场便是排山倒海的雷鸣般的掌声和欢呼声。巴托莉瞬间被大剧院观众的热度点燃了激情，那一晚，她的身体宛如一个完美的共鸣体，每一个细胞都在歌唱。

　　她的目光转向哪里，哪里的观众就会向她挥手示意。"开眼"是观众听完巴托莉音乐会最普遍的感受，这有赖于巴托莉坚实的声乐技巧。即使是一些被声乐学者认为是很基础的歌曲，也能被巴托莉挖掘出感人至深的地方。三首返场曲过后，音乐会在观众一浪高过一浪的欢呼声中结束，巴托莉不断把飞吻洒向全场观众，深情地对全场观众大喊："I love you！"

　　演出后，她不顾疲劳，兴冲冲地来到大厅签售唱片。原先准备的百余张唱片很快被一抢而空，这让许多没买到唱片的观众恋恋不舍，不愿离去。"我们非常喜欢你，我们有你的许多唱片，但我们没有带到现场，能给我们签名吗？"现场竟然有一位观众用流利的意大利语向大师请求。巴托莉再一次被感动了，那天晚上，她耐心地为所有排队等候的观众一一签名，一个不落。

　　这一次又一次的惊喜，一个接一个的感动，或许真有一种奇妙的力量，让巴托莉不再害怕飞行，似乎渐渐在克服自己的"恐飞症"。临走之时，她一再表示："中国国家大剧院，精彩，妙极，令人惊叹！我还没有离开，就迫不及待想再次来这里演出！"

IVO POGORELICH

伊沃·波格莱里奇

CHARACTER | 面孔

以"特立独行"闻名于世的钢琴家，演奏具极强的欣赏性，其表现的肖邦、舒曼尤其有独特的味道。曾多次与维也纳爱乐乐团、柏林爱乐乐团、巴黎交响乐团等世界著名乐团合作。2014年12月，波格莱里奇首次加盟中国国家大剧院"国际钢琴系列"音乐会。

VOICE | 声音

"感谢中国国家大剧院让我避免了尴尬。舞台是最即兴的所在，你永远不知道下一秒会发生什么。面对突然而至的风险，国家大剧院展示出了一座现代剧院的专业、成熟与自信。它值得每一位艺术家欣赏和信赖。"

有惊无险的
钢琴"调包计"

中国国家大剧院的星光大道上，从来不乏传奇人物，伊沃·波格莱里奇便是这传奇中的传奇。这位以"特立独行"闻名遐迩的钢琴大师，早年的成名之路堪称惊世骇俗。

那是一场无所谓输赢的比赛，二十二岁的波格莱里奇亮相举世闻名的肖邦国际钢琴大赛，引发了评委席上一场两极分化的口水大战。一位评委毫不留情地给他亮出"零分"，另一位评委则坚信他是天才，当场辞职表示抗议。赛后，德国留声机唱片迅速联系到他，为他灌录唱片、策划巡演。一年后，波格莱里奇的"处女秀"在卡内基音乐厅引起轰动，从此声名大噪，驰骋乐坛三十余年。

2014 年 12 月 7 日，波格莱里奇出现在了中国国家大剧院的舞台上。这位"离经叛道"的大师，为中国观众带来的同样是一场速度与激情的华丽"冒险"。他的演奏如同将标准化的气球吹大数十倍，在濒临爆裂的边缘穿梭行走，让人着实捏了一把汗。

在他的指尖下，李斯特《D 小调幻想奏鸣曲》的旋律线条被重新拆解，每一个和弦的情绪都在强有力的重压下被充分渲染。这是一场黑白键上的"暴风骤雨"，所有观众都被裹挟在波格莱里奇强大的气场里，不能自拔。正当音乐如瀑布般"飞流直下三千尺"的时候，波格莱里奇面前的那架施坦威钢琴发出了轻微的"嘣"的一声。他心里顿时暗暗一惊：不好，琴弦断了！他故作镇定地弹完了最后的十分钟，终于熬到了中场休息。

场灯一亮，波格莱里奇就满头大汗地走回后台，焦急地向工作人员说明情况。令

他没想到的是，细心的大剧院舞台技术人员早已在后台听出了"状况"，他们胸有成竹地安慰他道："别担心，应急方案已经准备妥当，演出不会受到影响。"

只见一位钢琴调音师快步走向钢琴，打开琴盖进行"急诊"。他很快发现是最中间小字三组的 g 弦断了。波格莱里奇紧张得皱起了眉头，依照经验，更换和调试好新弦至少需要三十分钟，这时除非有一台新的钢琴从天而降，演出才不会被耽搁。大师万万没有想到，短短几分钟之后，竟真的有一台钢琴"从天而降"。

原来，为应对舞台突发状况，大剧院早有"防控"妙计。在音乐厅下方，有一条颇为玄妙的钢琴"高速路"：大剧院琴库就设在音乐厅舞台的正下方，只需启动一套专用的机械升降设备，备用钢琴就能迅速直达舞台，完全不必坐等调试的时间。

当晚，仿佛一切都没有发生。当观众们品完咖啡，谈笑着回到座位上时，他们并没有意识到：舞台上已经上演了一幕不动声色的钢琴"调包计"。

下半场铃声响起，在众人热切的掌声中，波格莱里奇如释重负、面带笑容地重新走上舞台。他优雅落座，抬起手臂，继续一场未完成的音乐之旅。一次有惊无险的舞台意外，让波格莱里奇至今念念不忘："感谢中国国家大剧院让我避免了尴尬。舞台是最即兴的所在，你永远不知道下一秒会发生什么。面对突然而至的风险，国家大剧院展示出了一座现代剧院的专业、成熟与自信。它值得每一位艺术家欣赏和信赖。"

JENNY DEE

珍妮 · 迪伊

CHARACTER | 面孔

英国著名戏剧演员。曾凭借作品《喜剧的潜能》获得奥利弗奖最佳女演员奖、英国标准晚报奖、英国剧评人奖三项大奖，此后又因《旋转木马》再度获得奥利弗奖的音乐剧最佳女配角奖。2014年，珍妮·迪伊在中国国家大剧院领衔主演了英国莎士比亚环球剧院的《仲夏夜之梦》。

VOICE | 声音

"中国国家大剧院是一座饱含人文精神的艺术殿堂，这里的观众就像我的知己，专业又热情！"

不熄场灯的
莎翁戏

在英国伦敦泰晤士河的南岸，有一座举世闻名的"古董"剧院，从 1599 年建成至今，它专门演出莎翁经典，几乎成为莎士比亚的另一个代名词。它就是莎士比亚环球剧院。

人们在这里看戏，享受的是伊丽莎白时代的复古体验：观众席环绕舞台，池座只设站位；没有天花板，演出完全依靠自然光，风霜雨雪全都成为戏剧本身的一部分，一切与四百年前别无二致……这正是"环球剧院"的魅力所在，也是其最为人称道的独特之处。

2014 年，时值莎士比亚四百五十周年诞辰，极少巡演的环球剧院破例走出国门，携一部《仲夏夜之梦》亮相俄罗斯、新加坡等多个国家。中国国家大剧院也成为其特别甄选的重要一站。

消息一出，抢票者众多，京城戏剧圈蠢蠢欲动、翘首以盼：在家门口看环球剧院的莎翁戏，这在以前简直不可想象。当然，不少人也心生疑窦：在大剧院这座充满未来感的建筑中，英伦老团如何保持古朴的气质与复古的风貌，其戏剧风格如何才能不走形、不变味？

当大幕拉开，人们发现，《仲夏夜之梦》的原版舞美布景竟然被完完整整、原原本本地全套"移植"在了大剧院。为营造类似露天剧场的光线效果，大剧院还有意开启观众席场灯，并对灯光做了特别的调整与设计。不熄场灯演一部戏，这在大剧院的历史上还是头一遭，观众仿佛真有了"穿越"到莎士比亚环球剧院的错觉。

美国洛杉矶演员班剧团《仲夏夜之梦》剧照

惊喜还不止于此。珍妮·迪伊，这位大名鼎鼎的英伦戏剧名伶，更是让这次演出光芒四射。在剧中，她一人分饰两位女主角，巧妙地在两大角色间转换跳跃，天衣无缝，不露痕迹。在大段大段绵长而华丽的莎士比亚台词中，珍妮机智地"嵌"入不少中文，不时博得中国观众的会心一笑。

谢幕时，她更别出心裁，像模像样舞起了太极，把对观众的致意融入到太极的一招一式中。在她的带动下，其他演员也纷纷诙谐效仿，现场掌声雷动，笑声翻天，热烈的效果几乎爆棚。尽管已接近午夜时分，但千余观众竟无一人离场，在之后的"演后谈"环节中，珍妮与戏迷的互动更是"根本停不下来"。这让珍妮十分感动："这里的观众就像是莎士比亚环球剧院的知己、我的知己，专业又热情！"

此时的珍妮并没有想到，几天之后的一场虚惊更让她对大剧院充满感怀。离京前一天，剧团受邀赴英国大使馆参加交流活动，一时粗心的珍妮不慎将自己的手包遗失。要知道，证件、护照、手机、笔记本电脑全在包里，找不到手包就意味着第二天不能登机。珍妮急得团团转，一向自信的她此时此刻再也不淡定了。大剧院工作人员听说此情况后，四下联系询问，各处辗转寻找，终于在一辆大巴车上找到了珍妮的手包。

物归原主，失而复得，虽是行程中一段小小的插曲，却让珍妮大为感动。她拉着大剧院工作人员的手，连声道谢，爱开玩笑的她此时仍不忘打趣："我本来想，护照丢了不如就此'赖'在这里吧。对于这座神奇的剧院，我还真的意犹未尽呢！"

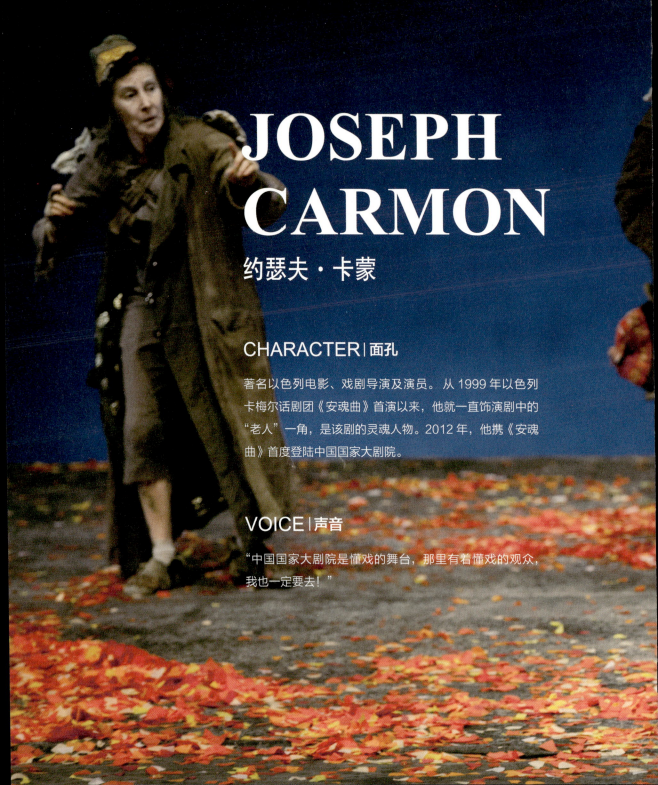

JOSEPH CARMON

约瑟夫·卡蒙

CHARACTER | 面孔

著名以色列电影、戏剧导演及演员。从 1999 年以色列
卡梅尔话剧团《安魂曲》首演以来，他就一直饰演剧中的
"老人"一角，是该剧的灵魂人物。2012 年，他携《安魂
曲》首度登陆中国国家大剧院。

VOICE | 声音

"中国国家大剧院是懂戏的舞台，那里有着懂戏的观众，
我也一定要去！"

要在懂戏的舞台
Say goodbye！

"你应该想象，你正在世界的中心，而世界的中心在巴黎和上海之间。"以色列殿堂级话剧《安魂曲》中，有这样一句意味深长的台词。在希伯来人的眼里，浪漫的法国是可企及之地，而遥远的东方则是永远不能到达的梦想之国。也许是因为这样的情结，2012 年 8 月，当这部《安魂曲》在中国国家大剧院缓缓奏响的时候，主演约瑟夫·卡蒙感叹道："中国是多么奇妙的国度，而我现在就在这里，就在它的心脏！"

事情还要回溯到几个月前。2012 年年初，国家大剧院收到一封特别的"推荐信"。信中，以色列驻华大使馆担当"红娘"，为本国话剧《安魂曲》牵线，剧组也诚意十足，不仅主动自降演出费，更表示将专为北京观众配备中英文两版字幕。

这不是第一个毛遂自荐的剧团，但这份真诚让大剧院备受感动。要知道，《安魂曲》是被称为"以色列良心"的剧作家哈诺奇·列文的绝世之作，这部描述卑微底层民众"向死而生"的戏剧，自 1999 年诞生之后便荣获以色列学术奖最佳剧本、最佳编剧、最佳导演等六项大奖，在世界各国备受追捧，别说该剧的"灵魂核心"约瑟夫·卡蒙将亲自带队前来。

从首演的六十六岁到彼时的七十九岁，卡蒙是《安魂曲》十三年里的唯一主角。尽管在世界各地巡演三百五十场，但他对中国国家大剧院却有着一份深深的期盼："这些年，我的同行们，法兰西戏剧院、意大利米兰小剧院都相继前往这座中国最高的艺术殿堂，他们告诉我，中国国家大剧院是懂戏的舞台，那里有着懂戏的观众，我想我也一定要去！"

正因如此，年事已高的卡蒙，下决心将

以色列卡梅尔剧团话剧《安魂曲》演出剧照，约瑟夫·卡蒙饰演老人（右）

say goodbye 的谢幕之旅放在北京，放在国家大剧院。

2012 年 8 月 13 日，国家大剧院，《安魂曲》第三百五十一场。简朴粗放的舞台上，钢琴敲出零落的音符，一位衣衫褴褛、头发稀疏的老头蹒跚着从黑暗中走出，开始讲那遥远的故事。

观众没有看到一点演员约瑟夫·卡蒙的影子，他似乎就生活在这个场景中，他送老伴儿离开这个世界，他目睹马车夫丧子，他望着年轻的妈妈抱着死去的婴儿无望地行走，最后他也一命呜呼，生活自然地继续……

这一夜，无论是普通戏迷还是业内专家，所有人都被《安魂曲》面向死亡诗意而残酷的表达，以及卡蒙对于生命的精准阐释所震撼。著名戏剧导演王晓鹰甚至一口气连看两场。

对于卡蒙，表演《安魂曲》虽然辛苦，但他却获得了极大的满足。谢幕时，在台上整整演出九十分钟的卡蒙，面对观众如潮的掌声，迟迟舍不得离开，他被助手搀扶着，坚持站到了最后一刻。"做这部《安魂曲》就像是爬一座很高很高的山，过程很艰难，今天登上中国国家大剧院的舞台，我们觉得很幸运，这是我们一直期待的舞台。"

JOYCE DIDONATO

乔伊斯·迪多纳托

CHARACTER | 面孔

世界著名女中音歌唱家，曾包揽格莱美、留声机双项大奖。2015 年 5 月，乔伊斯·迪多纳托亮相中国国家大剧院"五月音乐节"，唱响巴洛克歌剧中属于"女王"和"公主"的经典咏叹。

VOICE | 声音

"从堪萨斯到伦敦、马德里、巴黎……我走遍世界各地，但只有在北京，观众中的年轻人最令我印象深刻。要知道在美国，你请年轻人来听歌剧，他们也未必会来。在这里能看到这么多年轻人，我感到很兴奋，我想把这份艺术的能量分享给全世界！"

一个人的全球直播

她有着被上帝亲吻过的绝美嗓音，却从未在中国歌唱过，她是乔伊斯·迪多纳托，当今世界最美的歌者。

2015年5月10日，众多中国乐迷连夜蹲守北京首都国际机场。因为这一天，乔伊斯·迪多纳托将首次降临中国。当乔伊斯走下飞机，出现在大家的视野之中，乐迷们注意到，她竟然是坐着轮椅来的。

原来，在半个月前的欧洲巡演中，乔伊斯不小心扭伤了脚踝，一度疼痛到无法登台，经纪公司劝说她推迟中国之行。但乔伊斯却果断地做出了决定——以轮椅代步，去中国演出！

"我对中国有着特殊的感情，不光因为来这里能看到很多歌剧舞台上的老朋友，还因为我有一位家人来自中国。"原来，乔伊斯和自己的妹妹多年前收养了一个中国女儿。"所以，对我来说，中国有种家的意味。这次在北京，我要把最好的状态献给观众！"乔伊斯此言不虚，短短一天行程里，她为北京乐迷准备了一个诚意十足的"大礼包"。

演出当晚，乔伊斯身着一袭红色礼服登场，台下观众一点都没发现她有脚伤。随着前奏响起，她圆融、饱满、明亮、情感充沛的嗓音层层铺开，从《受伤的新娘》到《黑暗风暴》，从《被打入冷宫的皇后》到《在我的灵魂中闪耀》，一连八首高难度的歌剧选段，带领观众穿越到数百年前的巴洛克时代……即使在平时，一晚上饰演这么多极具戏剧性的角色，也会让人精疲力竭。但观众震耳欲聋的欢呼声，让乔伊斯丝毫不在意脚踝的疼痛，坚持返场三次，加演三首

"歌剧女皇"乔伊斯·迪多纳托与黄金苹果古乐团音乐会

经典曲目。虽然音乐会落幕时已几近午夜，但所有人仍然意犹未尽。

演出结束后，乔伊斯没有片刻休息，就直奔乐迷见面与签售会现场。两个多小时的长时间站立，让她已不适合长距离行走，只得再度回到轮椅之上。看到这一幕，乐迷们不禁非常感动，纷纷送上了自己的感谢：声乐系学生唱起了挚爱的歌剧选段，小朋友即兴跳起了现代舞……更让乔伊斯意外的是，还有一位乐迷千里迢迢而来，为她送上了自己珍藏的蒂凡尼手链。这些年轻人对古典音乐的热忱，让乔伊斯心里翻滚着一股暖流，以至于签售会全程，她都高举着自己的手机。原来，在来中国之前，乔伊斯特意安装了一款特殊的手机软件。通过这款名为"TELESCOPE"（望远镜）的APP，她可以进行随时随地的"微直播"。这一天，乔伊斯俏皮地举起了手机，通过一个人的全球直播，将这场见面会的火热实况，传到美国甚至欧洲的阿姆斯特丹等地。

"从堪萨斯到伦敦、马德里、巴黎……我走遍世界各地，但只有在北京，观众中的年轻人最令我印象深刻。要知道在美国，你请年轻人来听歌剧，他们也未必会来。在这里能看到这么多年轻人，我感到很兴奋，我想把这份艺术的能量分享给全世界！"她激动地说。

乔伊斯·迪多纳托在大剧院音乐厅舞台上合影

KEVIN MACKENZIE

凯文·麦肯金

CHARACTER | 面孔

美国芭蕾舞剧院（简称 ABT）艺术总监。1979 年 3 月
以独舞演员身份加盟美国芭蕾舞剧院，同年 12 月升任剧
院首席舞者，1992 年被提拔为艺术总监。于 2009 年、
2013 年先后两次携美国芭蕾舞剧院造访中国国家大剧院，
带来看家剧目《堂·吉诃德》《天鹅湖》等。

VOICE | 声音

"在美国芭蕾舞剧院工作的几十年时间里，我走遍了全球各地
的剧院，中国国家大剧院的舞台绝对是最一流的，但更让我
印象深刻的是它对艺术标准的执着，他们锲而不舍的专业精
神深深地打动了我！"

"十全九美"
亮相大剧院

在世界芭蕾帝国，美国芭蕾舞剧院（简称ABT）无疑是一匹黑马。成立仅七十余年，就冲进全球六大芭蕾舞团之列，与那些动辄数百年"团龄"的老牌欧洲名团几乎不相上下。它是美利坚的"国宝"，是星条旗下最闪亮的"文化名片"。

2009年，美国芭蕾舞剧院在成立七十周年之际，开启了史上最盛大的亚洲巡演。九位首席明星，八十人演员阵容，一百三十六人全团出动——中国国家大剧院是他们自纽约飞越一万五千公里的唯一目的地。

一场芭蕾艺术的顶级盛宴让北京醉了，让大剧院的观众醉了！

这背后，是国家大剧院对艺术标准不容退让的坚持与执着，是大剧院与美国芭蕾舞剧院之间长达两年的谈判"车轮战"。早在2007年末，开幕不久的大剧院就向美国芭蕾舞剧院发出第一封邮件，邀请对方前来演出。令人欣喜的是，大剧院很快就收到了艺术总监凯文·麦肯金的亲笔回信："我一直都希望去北京演出，中国国家大剧院的成立让我觉得是时候了！"

尽管双方一拍即合，但还是在节目的安排上一波三折。为让中国观众看到最大化的艺术呈现，大剧院有一个不成文的传统，但凡是远道而来的芭蕾名团，都要求其带来"1+GALA"的节目样式。"1"是指一台完整的芭蕾舞剧，且必须是该团最具代表性的看家剧目；"GALA"则指一台集合经典选段的荟萃演出。马林斯基芭蕾舞团如此，英国皇家芭蕾舞团如此，巴黎国家歌剧院芭

《堂·吉诃德》剧照，第一幕塞维利亚

《堂·吉诃德》剧照，第一幕塞维利亚

喷薄的热情

蕾舞团也如此，这是大剧院始终坚持的"标配"。然而，当大剧院向美国芭蕾舞剧院提出此想法后，一个巨大难题出现了：2009年，美国芭蕾舞剧院没有排演整剧的计划，不可能在任何一个国家上演一部芭蕾舞全剧。

此后整整九个月，大剧院与美国芭蕾舞剧院进行了不间断的邮件协商，坚持必须有一部经典的整剧，而且必须是该院最拿手的剧目。"如果美国芭蕾舞剧院第一次亮相北京，却没有一部体现其水准的代表作，这对中国观众而言将是巨大的遗憾！"大剧院相关负责人解释道。

所幸，长达二百七十余天的沟通没有白费，终于，麦肯金回信表示："在 GALA 之外，我保证会带来美国芭蕾舞剧院的镇团之宝《堂·吉诃德》。"事后，麦肯金透露，为了大剧院的这一坚持，美国芭蕾舞剧院实际上是将其全年的计划都做了通盘调整。

圈定剧目后，选角的工作便提上了日程。这时，大剧院向美国芭蕾舞剧院点了一份"十全十美"的名单，希望该演出季的十位首席明星全部来华。麦肯金一下子愣住了，美国芭蕾舞剧院历次巡演最多只带四五个首席，"十全十美"从未有过先例。虽然困难重重，但国家大剧院的坚持最终再次打动了麦肯金。十大明星，除一位因伤病不能成行外，其余九人全部亮相中国舞台。梦幻般的阵容让中国观众犹如做梦。惊喜还不止于此，演出最后一天，麦肯金特意调整阵容，《堂·吉诃德》的三幕中，每一幕都有三位大明星出现，一场演出下来，九位首席悉数出动。这样的盛景，只在六年前美国本土的纽约大都会歌剧院出现过！

谈及为何如此"偏爱"大剧院，麦肯金感慨万千："在美国芭蕾舞剧院工作的几十年时间里，我走遍了全球各地的剧院，中国国家大剧院的舞台绝对是最一流的，但更让我印象深刻的是它对艺术标准的执着，他们锲而不舍的专业精神深深地打动了我！"

《堂·吉诃德》剧照，第一幕塞维利亚

KIRI TE KANAWA

基莉·迪·卡娜娃

CHARACTER | 面孔

世界著名抒情女高音歌唱家，曾在奥地利维也纳国家歌剧院、意大利斯卡拉歌剧院、美国纽约大都会歌剧院等世界一流剧院主演多部歌剧。因其在声乐艺术上的杰出贡献，英国女王授予她"女爵士"的荣誉桂冠称号。2008年、2009年，卡娜娃两次登台中国国家大剧院举办独唱音乐会。

VOICE | 声音

"中国国家大剧院让我深深着迷！这里有国际一流的剧场条件，更有国际一流的管理团队！没想到我的首次中国内地之行会如此顺利！如果有机会，我一定再回来！"

暴脾气女神
没了脾气

2007 年底，冬日的北京涌动着春潮，世界第一抒情女高音基莉·迪·卡娜娃要来了！这是一场整整迟到二十年的约会。早在二十世纪八十年代，国内各大演出公司就一直在竭力盛邀这位"女神"踏访中国，但由于种种原因，她的访华计划始终未能成行。直至中国国家大剧院开张，卡娜娃的中国之行才终于被排上日程。消息一出，望穿秋水的中国乐迷欢欣鼓舞，激动不已——"女神"，就要现身了！

此时此刻，有一群人在欣喜之余，心里的弦也紧绷了起来，他们就是大剧院的工作人员。卡娜娃誉满全球，连英国女王伊丽莎白都是她的拥趸，但"女神"也是出了名的"难伺候"：脾气暴、个性强，对一切皆要求尽善尽美。大剧院方在前期与她"磨

合"演出合同时，已领略一二：不许开空调，不许用闪光灯拍照，房间要配备加湿器，音乐会中场休息要第一时间吸氧……而就在她落地北京的前几日，卡娜娃在香港闹出了"罢演风波"：她刚一出场，发现音乐厅开了空调，立刻掉头就走，直到空调关闭，温度和空气都合适了，才重新登台。

艺术家千人千面，脾气秉性各异，实在司空见惯。既须有礼有节，又要充分体谅艺术家的精细化要求，助力大师呈现最佳的表演状态，这考量着一座剧院的专业程度与运营水准。此番是卡娜娃第一次登上中国内地的舞台，能否让双方的合作圆满而完美，关乎艺术，更关乎国家形象。为此，国家大剧院做了充分的准备和周详的考虑，内部达成一致共识："一定不能让卡娜娃和

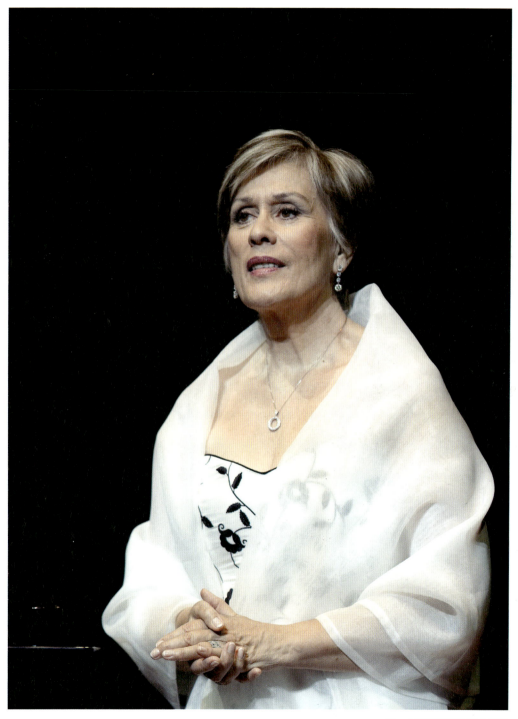

迪·卡娜娃独唱音乐会特写

迪·卡娜娃在大剧院演出

乐迷留有遗憾，要让这位挑剔的大师不再有脾气。"

从日程安排到排练计划，从场地调试到环境营造，从部门联动到细节沟通，从媒体采访到应急预案……一切都被安排得井井有条，滴水不漏。几个"回合"下来，卡娜娃颇为满意，脾气自然也就没有了。而随着与卡娜娃交往的深入，大剧院工作人员渐渐发现，"女神"貌似高傲冷漠，内心却温厚良善，为了艺术极其自律。第一次来到北京，卡娜娃原本对紫禁城十分向往。12月29日这天，她结束了排练，兴冲冲奔向故宫，但一下车，大师二话没说，竟立马掉头回去了。一问原因，原来她担心太冷会感冒，唯恐影响演出效果。

2007年的最后一天，大剧院特意为卡娜娃安排了一场盛大的记者见面会。北京的记者早想会会这位传说中的歌神，都蠢蠢欲动。卡娜娃刚一步入会场，媒体的"长枪短炮"立刻围了过来。一向低调腼腆的卡娜娃一时紧张，竟像个孩子似的，三步并作两步躲到了发布会背景板后面，不敢出来。

这时，大剧院音乐艺术总监陈佐湟及时解围："亲爱的记者朋友们，心急吃不了热豆腐，让我们允许卡娜娃女士先和大家认识、熟悉一下，待会儿我们将给各位预留出专门的时间进行拍摄。"之后，在陈佐湟的亲自陪同下，卡娜娃终于走了出来。

面对记者热情的提问，大师渐渐放松下来，进而侃侃而谈。卡娜娃在回答记者提问时说到一个歌剧演员成功的条件："首先你必须身体健康，你必须非常聪明，必须要非常强壮，你必须要耐得住一个很长的学习过程，要有一个好的歌唱老师，还必须要有一个很好的经纪人，你必须要有自己的资金来源，你必须懂得如何说不。你要学习不同的音乐、不同的角色，必须要了解你的声音，你不应该去扮演一个不适合自己的角色。"坚持这些底线，才能成功，这也是卡娜娃所谓"大脾气"的原因。那天，发布会持续近两小时，现场气氛非常热烈。

2008年1月2日，一场等待了二十年的演唱会拉开帷幕：当晚的卡娜娃极为慷慨，一口气唱了二十五首风格不同的经典作品。"中国国家大剧院让我深深着迷！这里有国际一流的剧场条件，更有国际一流的管理团队！没想到我的首次中国内地之行会如此顺利！如果有机会，我一定再回来！"离别之际，卡娜娃留下掷地有声的许诺。"女神"没有食言。她，2009年10月21日果然又回来了！

MARÍA
PAGÉS

玛丽亚·佩姬

CHARACTER | 面孔

西班牙国宝级弗拉门戈舞蹈大师，《大河之舞》弗拉门戈《火舞》一节的领舞和编舞。1990 年创办玛丽亚·佩姬舞蹈团，创作并参演了一系列享誉世界的演出作品，包括 2008 年两次在中国国家大剧院上演的《塞维利亚》、2014 年呈现的《自画像》和 2016 年带来的《我，卡门》。

VOICE | 声音

"我爱上了中国国家大剧院的舞台，爱上了这里的观众，爱上了这里的一切。对大剧院，纵然远隔千山万水，我的心中也始终怀有一份深深的思念！"

红舞鞋的思念

2008 年 4 月 12 日，中国国家大剧院歌剧院舞台上，一双鲜艳的红舞鞋凌空飞舞。

舞台深处，传来弗拉门戈那特有的踢踏声，时急时缓，时密时疏，时而如暴风骤雨倾泻而下，时而又如大珠小珠坠落玉盘……忧伤的吉他、嘶哑的吟唱，和着这凌乱的舞步，整个剧场都被这双红舞鞋催眠了。

红舞鞋的主人是玛丽亚·佩姬，举世闻名的弗拉门戈大师，西班牙的国宝级人物。这双红舞鞋，曾随玛丽亚·佩姬飞越千山万水，走遍世界各地，将弗拉门戈的种子播撒四方。著名作家、诺贝尔文学奖得主何塞·萨拉马戈如是评价："凡玛丽亚·佩姬所到之处，空气和土地都已不复从前。"

这一回，玛丽亚·佩姬和她的红舞鞋来到了中国，来到了北京。

当晚，玛丽亚·佩姬面对的是两千三百位中国观众，她所处的舞台乃是国家大剧院最大的剧场——歌剧院。这是对玛丽亚·佩姬的挑战，更是对弗拉门戈的挑战！三百多年前，美丽的吉卜赛女郎在西班牙小酒馆创造了弗拉门戈。那清脆的响板、低沉的唱咏、雨点般的踢踏舞步成为弗拉门戈最经典的元素，但这一切更适合在小而精致的空间呈现，过大的表演场地常常会稀释弗拉门戈的味道。

这正是玛丽亚·佩姬动身前最大的担忧。这是佩姬的舞团第一次来华，如果选择相对较小的戏剧场演出，对玛丽亚·佩姬和中国观众，无疑意味着双向的遗憾。

"玛丽亚·佩姬是殿堂级的大家，有太多太多中国舞迷希望能亲临现场一睹她的风

弗拉门戈舞剧《塞维利亚》人物特写

弗拉门戈舞剧《塞维利亚》演出剧照

采。更重要的是，大剧场分摊成本后，观众也会享受到更实惠的票价。"大剧院演出部负责人道出了其中的奥秘。

但如何在舞蹈气场与表演空间两者间找到一种平衡？成为此次演出最大的难题。

为此，大剧院方面对玛丽亚·佩姬做出承诺："我们会让舞台最远处的观众，听到每一声响板击打的节奏，感受到每一个踢踏传递的震颤。"

一诺千金！大剧院火速联系了京城大大小小十余家曾演过弗拉门戈的剧场，兵分几路派出专业技术人员进行实地考察，最终找到一种极为专业、指向性极强的微型话筒。只需把它们埋在地板之下，便可精准捕捉每一位舞者的脚步声。同时，为了让舞者不被自己的踢踏声干扰，大剧院还别出心裁地在舞台后方专设了一套音响，即使观众热情的呼喊淹没全场，舞者也可以清晰听到音乐的节拍。

彩排当天，玛丽亚·佩姬跑到三层楼座的最后一排，这里距舞台中心有三十多米。当她的舞者飞扬起舞，玛丽亚·佩姬侧了侧耳朵，脸上绽放出了满意的笑容。

弗拉门戈舞《生活和梦想之间》演出剧照

在弗拉门戈演出中，观者可以随时随处热烈鼓掌，掌声与喝彩往往是演出最好的催化剂。为给佩姬营造最热烈的气氛，演出前半个多月，大剧院就特邀北京舞蹈学院教授精彩开讲，解密弗拉门戈的独特魅力，指导观众与艺术家亲密互动。

连续两天的演出，北京观众记住了玛丽亚·佩姬的红舞鞋，玛丽亚·佩姬也记住了中国国家大剧院。

2015年春节，大剧院演出部的工作人员汪遇星收到了来自西班牙的越洋电话。不是别人，正是佩姬本人，她说："亲爱的朋友，我想念你们，也想念中国。约个时间，让我再来跳上一次吧！"

MISCHA MAISKY

米沙·麦斯基

CHARACTER | 面孔

世界上少有的能有幸随当代两位大提琴宗师姆斯蒂斯拉夫·罗斯特罗波维奇和格雷戈尔·皮亚蒂戈尔斯基研习琴艺的大提琴家。他的演奏将诗意、精致的优雅感与强烈个性和辉煌技巧融为一体。2011年、2015年两度造访中国国家大剧院。

VOICE | 声音

"作为音乐家，和艺术一样，其实是没有国界的，每天我都在全世界寻找最美好的音乐，哪里有古典音乐，哪里就是我的家，我很幸运能在中国发现古典音乐的新大陆——国家大剧院，它就是我在亚洲的家，这里的舞台让我有一种回家的亲切感，它让我内心的情感从音乐中喷薄而出！"

"世界公民"
找到了"家"

大提琴界的"恺撒大帝"米沙·麦斯基，喜欢称自己为"世界公民"。二十岁起，带着一把大提琴走遍世界，他总是说："我出生在拉脱维亚，求学在苏联，流亡到以色列，居住在比利时，拉意大利琴，用法国弓和德国弦，开日本车，戴印度项链、瑞士表，前妻是美国人，现任妻子是意大利人，四个孩子分别在法国、比利时、意大利、瑞士出生。我跟着音乐在全世界游走，哪里有古典音乐，哪里就是我的家！"

2011年，一次与中国国家大剧院的意外相遇，让麦斯基在中国发现了一片高雅艺术的"新大陆"，也在中国找到了"家"。那一年，这位阔别中国多年的大提琴巨匠，作为女儿莉莉的表演嘉宾，为她在大剧院的首秀助阵。尽管麦斯基只在大剧院的舞台上短暂露了一下脸，却因此与"水上明珠"结下了情缘。

演出当晚，麦斯基以诗意精致又富有个性的演奏征服了全场，大剧院观众的热情也征服了麦斯基。谢幕时，如潮的掌声冲上音乐厅的弧顶，像一团火焰将他紧紧包裹。走下舞台的麦斯基，依旧沉浸在激动的情绪中，感叹："这里是音乐家的天堂，我感到了浓浓的艺术气息，找到了最美妙的音符，遇见了最热情的观众！"

正是因为这场演出，麦斯基与大剧院工作人员有了第一次亲密接触。当他得知中提琴家尤里·巴什梅特、小提琴家郑京和、管风琴家凯·约翰森、挪威女子铜管十重奏、克罗地亚室内乐重奏组……都已经来过这里，麦斯基愈发心动，说："在古典音

麦斯基在大剧院音乐厅演奏

乐日渐式微的今天，大剧院依旧在为古典音乐家提供展示的舞台，这种坚守尤其难得，我一定要在大剧院开一场自己的音乐会！"

这个心愿，终于在2015年得以实现。麦斯基为大剧院准备了一份极为特别的礼物——埃尔加的《E小调大提琴协奏曲》，他说："我要给大剧院带来不同的音乐，为这里留下独一无二的记忆！"

上台前，一杯清茶，宁神静气，他拿起柔软的丝绸，细细擦拭了一遍跟随自己四十二年的大提琴，整装上场，全力以赴。

当晚，麦斯基全心投入，手臂开合，一头银发随节奏剧烈甩动。谢幕时雷鸣般的掌声，更让麦斯基禁不住激动地直跺脚。

他深情感言："作为音乐家，和其他艺术一样，其实是没有国界的，每天我都在全世界寻找最美好的音乐，哪里有古典音乐，哪里就是我的家，我很幸运能在中国发现古典音乐的新大陆——国家大剧院，它就是我在亚洲的家，这里的舞台让我有一种回家的亲切感，它让我内心的情感从音乐中喷薄而出！"

SIOBHAN REDMOND

赛奥汉·雷门

CHARACTER | 面孔

英国家喻户晓的电视、电影、戏剧三栖明星，曾被英国女
王授予大英帝国勋章。作为英国皇家莎士比亚剧团的资
深戏骨，她曾出演《无事生非》《第十二夜》等多部经典
剧目。2014 年，雷门首度登上中国国家大剧院舞台，领
衔主演英国皇家莎士比亚剧团与苏格兰国家剧院联合制作
的话剧《麦克白后传》。

VOICE | 声音

"这部《麦克白后传》能在中国演出成功，说明中国国家
大剧院真是一方福地。合作中我们也感到，这座剧院有
着对艺术的定力与信念！"

打破
"麦克白"魔咒

清冷的天幕、苍郁的荒原、粗放的城堡……漫天大雪中，麦克白夫人"格洛赫"再一次战胜政敌，重掌局势。她长久独立于寒风中，继续着对峙姿态一动不动，直至灯光渐暗，人影幢幢……

2014年4月23日，一部来自英伦的大戏《麦克白后传》在中国国家大剧院完美收官。直至最后一场演出的大幕落下，整个剧组才如释重负，剧中的女主角，英国老戏骨赛奥汉·雷门，也终于松了一口气。

对于这部戏，赛奥汉·雷门和剧组所有人一样，心中都颇有敬畏。该剧是英国皇家莎士比亚剧团以莎翁经典《麦克白》为母本，重新创作改编的一部力作。全剧原名为《邓斯纳恩城堡》，刻意回避了"麦克白"三字，剧中但凡提及"麦克白"之处，

也均以"暴君"代替。

一部脱胎于经典的大戏，为何有意要与原作若即若离，保持距离？

原来，在英国戏剧界，莎士比亚的《麦克白》是一部"不能说的戏"，圈里人有个"迷信"的说法：《麦克白》不能轻易被搬演，因为它常常会带来厄运。

1606年，该剧首次公演，专设的男演员重病去世；1703年重演之日，伦敦遭受百年一遇的暴风雨；1849年，《麦克白》在纽约演出，发生骚乱，导致二十二人身亡；1865年，美国总统林肯在朗诵《麦克白》对白后的第五天遇刺身亡……在英国人看来，这部将阴谋与欲望描写到极致的戏剧仿佛天生就遭受着诅咒，《麦克白》在他们口中常常被以"那个戏"来代替。

《麦克白后传》剧照，赛奥汉·雷门饰演斯沃德

但，国家大剧院却不信这个邪。

2014 年，恰逢莎士比亚四百五十周年诞辰。大剧院从一年之前就开始策划酝酿"致敬！莎士比亚"的系列演出，将视线对准了莎翁的故乡，早早便与英国大使馆沟通接洽，希望对方推送几部响当当的大戏。

在此背景下，赛奥汉·雷门主演的《邓斯纳恩城堡》进入了大剧院的视野。该剧冷峻、深刻、厚重，剧本扎实，制作精良。挑大梁的赛奥汉·雷门在英国家喻户晓，是电视、电影、戏剧三栖明星，曾被英女王授予大英帝国勋章。

在与英国皇家莎士比亚剧团的谈判交涉中，大剧院提出一个想法：《邓斯纳恩城堡》的剧名太过生涩，在中国落地恐令观众产生疏离感，建议更名为《麦克白后传》，以利于宣传与推广。大剧院的提议虽然很有道理，但"麦克白"的名字却让剧组非常忐忑，一番博弈之后，剧团终于被说服。"能够登上中国最神圣的艺术殿堂，是极为荣耀的经历，剧团和我都不想失去这次机会。"赛奥汉·雷门如是说。

2014 年 4 月初，雷门随英国皇家莎士比亚剧团从伦敦抵达北京。《麦克白后传》进入演出倒计时。该剧在舞美上有两大亮点，同时也是两大技术难点：一是苍茫辽阔的苏格兰高地，二是第四幕长达三十分钟的漫天

赛奥汉·雷门剧照，演出投入

大雪。大剧院专业舞美团队通过三层台板、二十多个模块的复杂搭建，完美还原出起伏绵延、乱石丛生的苏格兰荒原。最后一幕的大雪纷飞原本打算用造雪机来营造，但试过几轮后，大剧院发现：造雪机的雪片只能覆盖舞台局部，且噪音极大。最终，在大剧院原创话剧《王府井》中发挥过重要作用的"雪笼"派上了大用场。"雪笼"持续洒下白色纸片做成的仿真雪花，洋洋洒洒，以假乱真。

"大剧院并不满足于'形似'，而是追求一种'神似'。站在这片舞台上，你仿佛真能感受到苏格兰精神所依附的这片土地的寂寞与苍凉。"雷门表示。

4月22日、23日，《麦克白后传》连演两天，顺利而圆满。传说中的"麦克白魔咒"不攻自破，一切皆大欢喜。赛奥汉·雷门在这方中英联合打造的舞台上，献上了自己熟稔、内敛又充满爆发力的演技。走下舞台，她悉心收起肩上散落的雪花，感慨不已："这部《麦克白后传》能在中国演出成功，中国国家大剧院真是一方福地。合作中我们也感到，这座剧院有着对艺术的定力与信念！"

赛奥汉·雷门演出剧照

PASCAL RÉNÉRIC

帕斯卡·热奈里克

CHARACTER | 面孔

法国著名戏剧及电影演员。自 2012 年起担任巴黎北方剧团《贵人迷》男主角，演出一百八十余场。2015 年他携《贵人迷》首度登陆中国国家大剧院。

VOICE | 声音

"在舞台上，我只是一个媒介，观众通过我看到了剧中的汝尔丹，认识了莫里哀。而对于我而言，中国国家大剧院也是一个媒介，通过此次大剧院之行，我看到了一个传统与现代交融的北京，感受到了一个生机勃勃的中国。"

十六公斤的幽默

头戴一顶雕花彩色高檐帽，身披棉被般的豹纹大披风，拉扯着腿上破了洞的黑丝袜，蹬着一双缀着硕大蝴蝶结的尖头皮鞋……这位招摇过市的"贵人迷"还没开口说话，中国国家大剧院的观众就已笑作一团。而此时在舞台上，"贵人迷"的塑造者帕斯卡·热奈里克却热得苦不堪言。

作为莫里哀"喜剧芭蕾"的代表作，《贵人迷》融合戏剧、舞蹈、歌唱等多种艺术形式，要求演员又唱又跳。而主角一心效仿贵族而追求的华美服饰，加起来重达十六公斤，虽为人物增添了几分自然的"笨拙"姿态，但三个小时演出下来，帕斯卡的衣服、头发早已湿透。

没错，十六公斤！三年，一百八十场演出，从巴黎到柏林再到莫斯科，帕斯卡·热奈里克正是带着这个重量，演绎出沉甸甸的幽默。这一次，他将这份"喜剧的力量"首次带到中国，带到北京，为国家大剧院首届"国际戏剧季"爆笑开幕。

观众并不知道，对国家大剧院，帕斯卡和巴黎北方剧团早已心怀向往之情。剧团2012年即向大剧院主动抛出橄榄枝，此后又通过法国驻华大使馆再度联络大剧院，并派出巡演经理专程前往北京洽谈。"我们早就对这座由法国人设计的艺术殿堂感到好奇。"谈及"三顾"大剧院，帕斯卡表示，剧团对大剧院进行了全面考察，被其国际化的运营管理深深吸引，下决心即使降低演出费，也要登上这个东方舞台。

2015年6月，《贵人迷》终于"现身"国家大剧院。尽管连演多场，对各个环节

《贵人迷》演出剧照，帕斯卡·热奈里克饰演汝尔丹

都烂熟于心，但一到北京，帕斯卡就和剧团投入到紧张工作中。他们连续排练三天，精心打磨每个细节，一直到最后一刻还在不断调整，力求让中国观众欣赏到最完美的《贵人迷》。

6月10日首演之夜，帕斯卡·热奈里克滑稽亮相。他在舞台上几乎是半疯癫状态地又唱又跳，把迷恋贵族生活的布料商"汝尔丹"演绎得生动可笑、入木三分。当汝尔丹向贵妇行三拜大礼时，不仅把对方逼到墙角，高高扬起的长衣下摆还扇了对方一个大嘴巴；当汝尔丹演示新学的贵族发音时，不仅噼里啪啦说不清楚，还吐了太太一

脸唾沫……帕斯卡的笑料成串、包袱横飞，尤其是当他身穿花布睡衣跳下舞台，与同样身着印花上衣的观众热情握手，满脸欣赏与自我欣赏时，所有观众都"笑岔了气"。

帕斯卡的戏服又一次从里到外被汗水浸透了，但谢幕之时，他依然满面笑容、精神头十足。"这个戏演了三年，我已经练出了一身的肌肉。其实在舞台上，我只是一个媒介，观众通过我看到了剧中的汝尔丹，认识了莫里哀。而对于我而言，中国国家大剧院也是一个媒介，通过此次大剧院之行，我看到了一个传统与现代交融的北京，感受到了一个生机勃勃的中国。"

原创的魅力

ALEXEI STEPANYUK

阿列克谢·斯捷潘纽克

CHARACTER | 面孔

俄罗斯著名歌剧导演。他执导的歌剧作品超过 70 部，曾被授予俄罗斯荣誉艺术家头衔，并被俄《音乐评论》杂志评选为 2002 年度最佳导演。2014 年，他执导了中国国家大剧院与俄罗斯马林斯基剧院联合制作的歌剧《叶甫盖尼·奥涅金》。

VOICE | 声音

"中国国家大剧院一整套的制作机制让我深感惊讶，这么年轻的剧院就能达到这样科学与专业的程度，是我完全没想到的！这次合作将成为中俄两国文化交流的里程碑事件，影响深远！"

被一地苹果
震撼了

2014年2月9日，已经是深夜十点多了，繁华的长安街渐渐静谧。而此时，中国国家大剧院的排练厅里却是灯火通明。飞了七个多小时的导演阿列克谢·斯捷潘纽克，不顾旅途劳顿一下飞机就心急火燎地赶来，"一切都准备好了吗？Time is running out（时间可不等人）。"

在此之前，中国国家大剧院与俄罗斯马林斯基剧院联合制作的歌剧《叶甫盖尼·奥涅金》已经在圣彼得堡成功首演，亟待该剧在中国的首演。阿列克谢·斯捷潘纽克，正是捷杰耶夫大师为这部歌剧钦定的导演。

尽管《叶甫盖尼·奥涅金》在俄罗斯的首轮演出收获了如潮好评，但阿列克谢却没有留下来庆功，而是连夜登上了前往北京的飞机。他说："俄罗斯有句谚语'没打死熊

之前别卖皮'。我是一个严谨的人，中国国家大剧院的演出迫在眉睫，我此前从未去过中国，对中方的情况完全不了解，心里非常没底！"

但2月9日晚，阿列克谢一走进国家大剧院排练厅，就被一地的苹果震撼了：三千余个色彩鲜艳的苹果铺满舞台，形象逼真又不乏诗意。

苹果，是阿列克谢为这版《叶甫盖尼·奥涅金》设计的重要意象，舞台上苹果的由多到少，象征着爱情和时间的流逝。捡起脚下的苹果，阿列克谢看了又看，他惊讶地自言自语："造型、重量、手感都很逼真，这确实是道具而不是真的苹果吗？"

原来，大剧院舞美团队在制作过程中，

《叶甫盖尼·奥涅金》在大剧院首演后，阿列克谢·斯捷潘纽克与捷杰耶夫热烈交谈

摒弃了空心塑料"苹果"，而是选择实心、材质更为复杂的"苹果"，他们更是耗时大半个月手描上色，将原有单一的红色、绿色或加深或淡化，令整体颜色充满层次变化。阿列克谢感慨道："这样一个细节也能考虑得如此周到，说明大剧院的制作水准够精良！我相信这次合作，一定能碰撞出火花！"

阿列克谢的预测没错。从舞美制作到音乐磨合，从唱段配合到角色演绎，中俄两国团队的对接非常顺利，俄罗斯艺术家完全没有"水土不服"。

彩排第一天，对于大剧院制作非常好奇的阿列克谢，还专门前去"观摩"布景、道具、灯光的调试，"听说大剧院采用了同欧美主流剧院一样的舞台管理方法，我很好奇。"

当阿列克谢看到大剧院舞台监督厚厚的"提示本"上，密密麻麻地标明了每一幕、每一段甚至每一个音符所对应的台前幕后的各种动作，这位资深导演不吝点赞："国家大剧院这一整套的舞台运行工作让我深感惊讶。这么年轻的剧院就能达到这样科学与专业的程度，是我完全没想到的！"

当年 3 月 14 日，《叶甫盖尼·奥涅金》"中国首秀"精彩起航。中俄顶尖剧院的首度联手、指挥沙皇捷杰耶夫的倾情执棒，诗情画意的舞台、绚烂壮美的音乐，《叶甫盖尼·奥涅金》成为年度"文化盛事"，引发业界和观众一片盛赞。西班牙《Opera Actual》杂志评论："这次联合制作超出想象，演出十分完美！"而在舞台背后，阿列克谢想得更多："这次合作将成为中俄两国文化交流的里程碑事件，影响深远！不久的将来，我们也许会共同制作更多的经典佳作！"

阿列克谢·斯捷潘纽克为演员讲戏

AMIT LAHAV

阿米特·拉哈弗

CHARACTER | 面孔

世界著名戏剧导演。2001 年创立了英国壁虎剧团，担任剧团艺术总监。2010 年，他身兼导演、编剧、主演三重角色，带领剧团在中国国家大剧院上演了戏剧《外套》。

VOICE | 声音

"中国国家大剧院开放、包容，向一切优秀剧目热情敞开怀抱。无论是大团还是小旅，无论是名家还是新秀，都一视同仁。这座剧院，怀有对艺术最极致的尊重和最深刻的理解。"

英国"壁虎"
漂洋过海中国行

　　一只英国的"壁虎"，才华横溢却孤处一隅。一次偶然的机会，"壁虎"漂洋过海，来到了遥远的中国。在这里，小"壁虎"一鸣惊人，扬名立万，拥有了许许多多爱它的粉丝。

　　这不是动物世界的励志故事，而是英国壁虎剧团的真实传奇。

　　2009 年 8 月的爱丁堡，像往年一样，热闹异常。世界各地的戏剧人和发烧友纷纷涌向这座英国小城，迎接一年一度的艺术狂欢——爱丁堡国际艺术节。这个被公认为全球最具活力、最具创新精神的艺术庆典，也吸引了一支名不见经传的本地剧团——壁虎剧团。成立不到十年的"壁虎"，在英国多如牛毛的剧团中，着实算小字辈，但凭借一部改编自果戈里的小戏，却在当年的爱

丁堡一炮打响。《外套》是一部长度仅七十分钟的形体戏剧，精巧的布局，绝妙的设计，营造出别具一格的戏剧气质；荒诞的演绎、黑色的戏谑，反射着难以名状的悲凉与深刻。这一年，在名作济济的爱丁堡，"壁虎"成了一匹黑马。

　　首演结束的当晚，阿米特·拉哈弗回到后台卸妆，他是该剧的主演、编剧兼导演，同时也是壁虎剧团的艺术总监。他一边擦着脸上的油彩，一边闭上眼，沉浸在方才谢幕的热烈之中。这时，几位意外的访客走了进来，说明来意：他们来自中国国家大剧院，此次专程来爱丁堡"探宝"，看了《外套》后，希望能第一时间把它引进中国。

　　这突如其来的邀请让阿米特又惊又喜。在此之前，"壁虎"还从未走出国门。从爱

《外套》剧照

丁堡出发，走进中国，走向世界，这样的机遇怎能拒绝？但阿米特很快陷入了两难：海外巡演意味着巨大的经济成本，这对初出茅庐的"壁虎"而言，实在是不小的负担。为解除"壁虎"的后顾之忧，中国国家大剧院果断提出，该剧的舞美部分可由中方承担制作，不打折扣地进行原版复制，这样就会大大降低运输成本。

就这样，来自英国的"壁虎"，走上了中国的大舞台。

2010 年 6 月 17 日至 20 日，《外套》在国家大剧院连演四场。这部精巧的小戏，在圈内激起了阵阵涟漪。北京戏剧家协会秘书长杨乾武评价："这是近年来最值得中国戏剧人学习的一部戏。"著名演员濮存昕也感叹："《外套》让舞台具有了无限延展的可能性！"演员汤唯更是力挺该剧，她透露自己在伦敦攻读戏剧时，为了"偷师"曾专门在"壁虎"做义工。普通观众的反响同样热烈，一位戏迷连看四场，他在自己的博客中写道："《外套》是对'先锋戏剧'的一次正名，这是一部充满想象力和表现力的惊喜之作。"

在大剧院的这次亮相，也为"壁虎"赢得了更多的机遇与更大的市场。著名戏剧制作人袁鸿看完《外套》后，下决心"一定要分享给更多戏剧知音"。在大剧院的牵线搭桥下，袁鸿联系到了阿米特，为"壁虎"策划了之后的巡演。当年 11 月，"壁虎"二度造访北京，并在西安、深圳等多地亮相。如今，"壁虎"在中国，已积累了一大批爱它的粉丝。

一次纯属意外的中国之行，让"壁虎"的命运发生了戏剧性的转折。华丽转身之后，阿米特感慨万千："我很庆幸当初做了正确的决定！中国国家大剧院开放、包容，向一切优秀剧目热情敞开怀抱。无论是大团还是小旅，无论是名家还是新秀，都一视同仁。这座剧院，怀有对艺术最极致的尊重和最深刻的理解。"

《外套》剧照

AUGUSTA THOMAS

奥古斯塔·托马斯

CHARACTER|面孔

美国著名作曲家，芝加哥大学作曲系教授。曾于 1997 年
至 2006 年担任芝加哥交响乐团驻团作曲家，随着其作品
《星际赞歌》的成功首演，她的事业也走向了巅峰。2011
年至 2013 年，托马斯受中国国家大剧院之邀参与"乐咏
中国"计划，成功创作委约作品《丰收之鼓》。

VOICE|声音

"中国国家大剧院向世界一线作曲家委约作品，这是促进
中西文化交流与互融的一种极好的方式。借此方式，中
国国家大剧院正在以积极的姿态融入世界古典音乐的主流
阵地。"

浪漫美丽的
中国之约

"中国，我回来了！"

2013 年 3 月，一位金发女士从美国芝加哥飞到了中国北京。航班落地的那一刻，她心潮澎湃：一年之前，从古城西安到贵州苗寨，从吴越水乡到摩登上海，她通过一段特殊的旅程认识了中国。一年之后，她带着呕心创作的音乐作品，来赴一个美丽的中国之约。

她，就是享誉世界的作曲家奥古斯塔·里德·托马斯。此时，她的名字已写在了中国国家大剧院"乐咏中国：世界作曲家谱写中国"音乐会的海报之上。

这是一场非同寻常的演出：五位西方作曲家奉献五部中国主题的全新作品，托马斯正是其中的一位。在二十多年的艺术生涯中，托马斯第一次用音乐抒写中国，用音乐

向世人诉说这迷人的国度。

走进大剧院排练厅，托马斯听到了自己饱含深情写下的旋律。随着浓浓的中国味道在音乐中散开，她的思绪不禁回到了一年多前。

那是 2011 年 9 月，托马斯接到中国国家大剧院的盛邀，在"乐咏中国"计划中，与卡列维·阿霍、迈克尔·戈登、罗宾·霍洛韦、塞巴斯蒂安·柯瑞尔四位顶级作曲家一道，到中国采风，各自创作一部中国主题的交响作品。

对于中国，托马斯有着特别的感情。她的外公外婆早年曾在上海居住多年。小时候，托马斯常听二老讲述中国的过往，每逢生日，他们都会用中文对她说"生日快乐"。因此托马斯打小就渴望，能将想象

托马斯与国家大剧院管弦乐团探讨演奏细节

中关于中国的零星碎片，拼成一幅完整的图画。

那年9月，怀着无比的向往，托马斯一行五人踏上一段美丽的征程：第一站北京，爬长城、游故宫、听民乐；第二站西安，赏大雁塔、观兵马俑；第三站贵州，历时最长，也是最令她难忘的一站！

在中国西南，托马斯去了安顺屯堡村，欣赏古老的吉昌地戏；走进黄平望坝寨，领略革家人的传统歌舞；在雷山排卡寨，观看民间艺人制作芦笙；在岜沙苗寨，感受"中国最后一个枪手部落"的原始文化；在黎平肇兴，学唱侗族大歌。

"我此前从没有参加过类似的采风活动，每一个地方都是惊喜，像在梦境中一样！"

尽管一路采风经过了许多流光溢彩的大城市，但托马斯似乎更钟情那些淳朴可爱的小村庄，尤其是对农民收割水稻的画面印象深刻。"山脚下的田坝里、山峦间的梯田中，稻穗飘香，稻浪翻滚，农户们手持镰刀，全家上阵抢收稻谷，这个场景迷人又壮观！在这里，我看到了中国人每分每秒的日常生活和他们对待生活的态度，这是一种即使我以后走在繁华大街上也挥之不去的影像。"

正是这段经历激发了托马斯的创作灵感，最终她以此为素材，创作了得意之作——《丰收之鼓》，歌颂苗人的热情和力量。"中国的祭祀、农耕、征战和庆典中，总是离不开鼓。因此，我在作品中加入了六名鼓手的集体表演，以此展现中国的精、气、神。"

2013 年 3 月 17 日，当这首色彩斑斓、热情似火的《丰收之鼓》在音乐厅响起时，许多观众都不敢相信，如此"中国味"的乐曲竟然出自一个老外之手。

台下的托马斯似乎也被那震天的鼓声打动了，她的眼睛里闪着晶莹的泪花。这泪花是感动，感动于中国那些美丽的地方和淳朴的人们；这泪花是幸福，幸福于自己能在有生之年，用最真诚的音乐谱写美丽中国。

"乐咏中国"音乐会演出

ENRIQUE CHARLES PILA

恩里克 · 查皮拉

CHARACTER | 面孔

知名墨西哥作曲家。自 2002 年以来，他已在墨西哥国家
艺术创作奖、亚历山大 · 泽姆林斯基作曲大赛、巴洛基金
会音乐创作奖等诸多赛事中获得认可。2013 年 6 月，受
中国国家大剧院委约，创作以城市噪音为主题的环保音乐
作品《黑色噪音》。

VOICE | 声音

"这是一场从噪音到好声音的实验，这场实验是在中国国
家大剧院的策划下完成的。在我看来，这不仅仅是一个
音乐实验，更是关于环境保护的一次有意义的探索。一
个艺术机构能够拥有这样的社会良知与社会责任感，值得
所有人脱帽致敬。"

用"垃圾"
演奏出交响神曲

"这是真的吗，中国国家大剧院委约，环保主题音乐会，关于城市噪音？！"2012年初秋的一个午后，墨西哥作曲家恩里克·查皮拉在家中接到经纪人从柏林打来的电话，刚睡醒午觉的他听到这个消息，感觉像在做梦。

"这个创意太棒了，必须算我一个！"思量片刻后，恩里克·查皮拉第一时间接受了中国国家大剧院的邀约。从那一刻起，这位创作了无数美妙旋律的作曲家满脑子只有一个词——"噪音"。

如何让讨厌的噪音变为优美的音乐？连续几个晚上，恩里克失眠了，他辗转反侧，翻开《拉罗斯字典》和《大英百科全书》查找噪音的内涵："吵闹的、令人不快的、干扰人们正常生活的声音，是为噪音。"恩里

克不喜欢这个解释："我当然不希望将这样的声音献给中国观众。"

直到找到美国知名实验作曲家约翰·凯奇说的一段话："无论我们身处何处，我们听到的声音多半都是噪音。当我们忽视它，它会妨碍我们。当我们倾听它，它会令我们陶醉。"恩里克眼前豁然开朗："没错！学会倾听一切声音，把噪音变为好声音。只要运用得当，任何声音都可以成为乐谱的一部分。我要进行一场前所未有的实验，从城市噪音中淬炼出奇妙的乐章。"这个想法着实令他兴奋。

接下来的日子，恩里克带上麦克风、耳机和数码录音器，漫步在墨西哥城最繁华的街头，只为倾听一切"噪音"。磨刀声、叫卖声、焊枪声、赛车声、手风琴声、汽车喇

恩里克参加"人类·音乐·家园"2013世界环境日主题音乐会新闻发布会

叭声、锤子叮叮当当的敲击声……他第一次发现，城市的声音原来如此丰富，杂乱喧嚣中有着令人着迷的味道与韵律。

恩里克兴致勃勃地把这些噪音都仔细收集起来，为他的"实验"准备着素材。随后，他走进创作室，把这些声音通过铃声调制、变调器和颗粒合成器，转换成乐谱中电子乐部分，大胆将城市中的噪音写进一部独一无二的管弦乐作品——《黑色噪音》。

2013年6月初，恩里克·查皮拉带着他的大作来到中国，这个具有开拓性的实验，将在国家大剧院最终完成。

拿起乐谱，大剧院管弦乐团的乐手们傻眼了。塑料袋、空罐头、红酒瓶、水桶、饭盆、纸杯、锤子、铁板……这些最不起眼的"生活垃圾"竟一一成为乐谱上重点标记的特殊乐器。为了收集这些废弃物，大剧院着实费了一番心思，甚至动员官方微博的铁粉贡献"家当"。打击乐手刘恒回忆道："恩里克在乐谱上密密麻麻写满了不同'乐器'的使用方法和演奏技巧，比如红酒瓶应该多大尺寸、里面应该灌多少水。为还原鸣笛声，他让我用弓弦摩擦纸杯，上弓、下弓，还要有节奏。一开始我拉出的声音就像指甲刮黑板，让人抓狂。反复练习后，汽车刹车声、火车轰轰前进声渐渐被模拟了出来，一首妙趣横生的乐曲逐步成形。"

6月5日世界环境日，恩里克的《黑色噪音》首演面世，拉开了国家大剧院环保音乐会的序幕。之后，英国作曲家瑞秋·波特曼的《濒危》、意大利作曲家鲁多维科·艾奥迪的《湿地》、美国作曲家迈克尔·托克的《群岛之海》、英国作曲家乔比·塔波特的《月浪》相继奏响——中国国家大剧院委约的五位国际作曲家，在这场音乐会中，完成了一次关于"人类·音乐·家园"的交响阐释。

观众席中，恩里克·查皮拉与观众一起为这场实验热烈地鼓掌，也为自己鼓掌。他知道，他配合中国国家大剧院完成的不只是一个音乐实验，更是关于环境保护的一次有意义的艺术探索。

世界环境日主题音乐会

ETHAN STIEFEL

伊森·斯蒂菲尔

CHARACTER | 面孔

2011 年至 2014 年任新西兰皇家芭蕾舞团艺术总监，前美国芭蕾舞剧院明星首席，与同为该院首席的吉莉安·莫非是舞坛有名的夫妻档。他不仅在舞蹈界极负盛名，还曾多次参演电影，包括《仲夏夜之梦》《中央舞台》《海盗》等。2012 年，率新西兰皇家芭蕾舞团造访中国国家大剧院，献上由他新创排的六十周年团庆大戏《吉赛尔》。

VOICE | 声音

"对艺术家而言，中国国家大剧院就是'天堂'。能够带着自己的舞团，自己的舞作在这里亮相，我感到无比温暖。"

"毛遂自荐"
的芭蕾王子

2012年7月,一个沉甸甸的越洋邮包被送到了中国国家大剧院舞蹈总监赵汝蘅的桌上。这封来自新西兰皇家芭蕾舞团的信件言辞恳切,希望将六十周年团庆大戏《吉赛尔》搬上中国国家大剧院的舞台,并毫无保留地附上了极尽详细的编者手记、舞美设计方案和服装设计效果图。

花了整整两个小时,赵汝蘅才翻完这沓厚厚的材料:"拿到如此完整的内部资料,足以复制出这个新版《吉赛尔》!"而当她看到伊森·斯蒂菲尔的署名时,却立刻明白:这是一个芭蕾明星转型为艺术总监后的热忱与真诚。

因为十三年前的一部名叫《中央舞台》的电影,作为美国芭蕾舞剧院的明星舞者的伊森被中国影迷和芭蕾舞迷熟知。如今,这位外形俊朗、身材高挑的芭蕾王子,选择在"黄金年龄"脱下舞鞋,出任新西兰皇家芭蕾舞团的艺术总监,并雄心勃勃地推出了自己编排的首部芭蕾舞剧《吉赛尔》。他的第一个愿望,就是带着这部心血之作到中国巡演,因此向大剧院"毛遂自荐"。

被深深打动的赵汝蘅趁访问新西兰之机,特地与伊森见了一面。这次会面,大剧院方面不仅与伊森敲定了北京的演出行程,还帮助伊森与苏州、上海、天津等城市牵线搭桥,促成了新西兰皇家芭蕾舞团成立六十周年的整个访华纪念巡演计划。

有感于大剧院在艺术上的认同和知遇,伊森将大剧院的演出视为来华巡演最重要的一站。为此,他不惜动用私人关系,让自己的未婚妻——美国芭蕾舞剧院的首席明星吉莉安·莫非向舞团请假三天,前来助阵。实际上,在这次访华巡演中,大剧院是莫非唯

伊森携新西兰皇家芭蕾舞团参加新闻发布会

一参演的一站；这一次也是这位芭蕾女神首度扮演吉赛尔一角。更值得一提的是，已经告别舞台的伊森也在剧中难得地客串了一位佩剑将军，这对舞台伉俪精诚合作，为大剧院献上了"独家限量版"《吉赛尔》。

演出前还有个小插曲，四月末的中国北方乍暖还寒，一股强劲的寒流突然来袭，温度一路直降到二十摄氏度以下。就在来大剧院的前一站，因为舞台温度偏低，舞者们感觉不适，身体僵硬，不得不临时取消演出。

伊森原本很担心在大剧院会遇上同样的问题，但当他和舞者们走进这里，却发现大剧院就像四季如春的新西兰一样惬意。大剧院不仅温度常年保持在国际标准的二十三摄氏度，而且芭蕾舞台板没有接缝，软硬适中，弹性极佳，可以媲美全世界最顶尖的剧院。最终，演出获得了巨大成功，芭蕾舞团的成员们迈着稳健灵动的幽灵舞步，唯美诠释了芭蕾版的"人鬼情未了"。

在芭蕾舞台上，能够成功演出《吉赛尔》，基本能验证一个舞团是否具备足够的实力。对于在大剧院堪称完美的演出历程，伊森心怀感恩："对艺术家而言，中国国家大剧院就是'天堂'。能够带着自己的舞团，自己的舞作在这里亮相，我感到无比温暖。"

EZIO FRIGERIO
FRANCA SQUARCIAPINO

埃兹欧·弗里杰利奥、
弗兰卡·斯夸尔恰皮诺（夫妇）

CHARACTER | 面孔

舞美设计大师埃兹欧·弗里杰利奥、服装设计大师弗兰卡·斯夸尔恰皮诺，是目前世界歌剧舞台最著名的一对艺术伉俪。两人曾携手为意大利斯卡拉歌剧院、英国皇家歌剧院、法国巴黎歌剧院、美国纽约大都会歌剧院等多家世界顶尖剧院设计舞美及服装，并跨界参与多部电影的创作。2013年到2015年，他们先后两次来到中国国家大剧院，担任歌剧《纳布科》及《阿依达》的舞美设计及服装设计。

VOICE | 声音

"中国国家大剧院已经可以和国际上任何一个重要的剧院相提并论！它尊重艺术、追求经典，而不是像当今很多欧美剧院那样过度追求歌剧的现代化包装。未来，我们将逐步把重心转移到中国、转移到国家大剧院，把我们毕生的艺术精华留给真正欣赏和了解古典歌剧的中国国家大剧院！"

你们是怎么做到的？
你们是天才！

"叮叮叮……" 2011 年 9 月 12 日，晨光中的意大利米兰市还未苏醒，一阵门铃声打破了秋日的宁静。造访这座地处偏僻的艺术工作室的，是一队来自东方的客人。

当时，中国国家大剧院剧目制作团队正在欧洲考察交流，听闻享誉世界歌剧界的两位大师居住在米兰，副院长邓一江决定，行程再紧密，也要去会一会这两位艺坛传奇。他们，正是有着"神雕侠侣"之称的伉俪组合——舞美设计大师埃兹欧·弗里杰利奥和服装设计大师弗兰卡·斯夸尔恰皮诺。

自上世纪五十年代开始，埃兹欧与弗兰卡就携手一同制作歌剧。从起步米兰小剧场到进驻斯卡拉歌剧院，从名震英国皇家歌剧院到驰名纽约大都会歌剧院，两人几乎与世界所有知名剧院均有过合作。因为同

时跨界电影美术指导和服装设计，两人更是被全世界熟知。1991 年，凭借电影《大鼻子情圣》，两人上演"帽子戏法"，一举拿下奥斯卡金像奖、法国恺撒奖和欧洲电影大奖，将自己的"不败"神话从舞台延生到了大银幕。

然而，在这对伉俪心中，却始终还有一个小小的遗憾：近六十年的艺术生涯里，他们还从未与亚洲剧院有过合作。仿佛命中注定，耄耋之年，两人终于等来了中国国家大剧院的合作邀约。他们当即和大剧院副院长邓一江约定，待手中的项目忙完，两年后的档期都留给大剧院，"对于这个诞生短短几年就声名鹊起的新生剧院，我们心向往之！"

2013 年，国家大剧院歌剧《纳布科》

埃兹欧·弗里杰利奥特写

启动制作，不仅迎来了"歌剧之王"多明戈，也等到了前来赴约的埃兹欧与弗兰卡。

这厢丈夫打造舞美，那厢妻子制作服装，两位夫唱妇随的艺术家不负众望，为《纳布科》构建了一个璀璨的"两河文明"视觉盛景。不过，在制作过程中却发生了一个小插曲。大剧院舞美中心的工作人员发现，埃兹欧大师的设计方案在空间规划和技术参数上都存在着一些错误。可大师纵横舞美界多年，其舞台理念已成为教科书典范，要如何向他提出修改意见呢？

当晚，舞美中心设计制作组连夜赶工，他们明白，只要拿出详细的舞台布景电子演示图，用专业说话，就一定能说服大师。第二天一大早，当从电脑上看见自己的方案确实存在问题，埃兹欧二话没说，同意了，改！"这么多年，还没有一家剧院修改过我的方案。往往都是到制作阶段，我的副手才会发现问题。"在埃兹欧看来，《纳布科》的舞美是自己和大剧院的共同成果，"大剧院在艺术创作的各个环节都坚持水准，你们的专业性令我佩服！"

《纳布科》的亲密合作，让埃兹欧、弗兰卡对国家大剧院"情根深种"，得知2015年大剧院将制作大歌剧《阿依达》时，两人再次主动请缨："大剧院点燃了我们的艺术激情！"

这一次，埃兹欧的华丽舞美自不必说，弗兰卡的服装设计更是达到了奥斯卡的超高标准。她为《阿依达》设计制作了两百七十八套服装，三十五种、四百零九件道具，每一套都依据角色性格精雕细琢。但这样的置装要求，却意味着成本的大大提高。几经研究，国家大剧院舞台技术部向弗兰卡提出了一套替代方案：不用意大利进口材料，而是用物美价廉的中国材料，通过染色、印图、压褶、做旧等工艺达到同样的效果，"比如战士们身上的盔甲，可以使用亚克力肌理再造工艺；主演服装的金色面料，可以采用对基础面料'先染再印'的方法进行再造；原本打算采用珐琅彩工艺制作的祭司头饰，则使用类似材料进行激光分层雕刻及喷涂，以此打造出同样的效果。"

第一次拿到样品，弗兰卡便惊得跳了起来："你们是怎么做到的？非常棒！如果服装设计师是画家，那你们就是必不可少的画笔，我对大剧院心悦诚服！"

两次合作，两位大师直言，还没和大剧院合作过瘾："毫无疑问，中国国家大剧院已经可以和国际上任何一个重要的剧院相提并论！对于我这种热爱古典歌剧的人来说，大剧院尊重艺术、追求经典，而不是像当今很多欧美剧院那样过度追求歌剧的现代化包装。未来，我们将逐步把重心转移到中国、转移到国家大剧院，把我们毕生的艺术精华留给真正欣赏和了解古典歌剧的中国国家大剧院！"

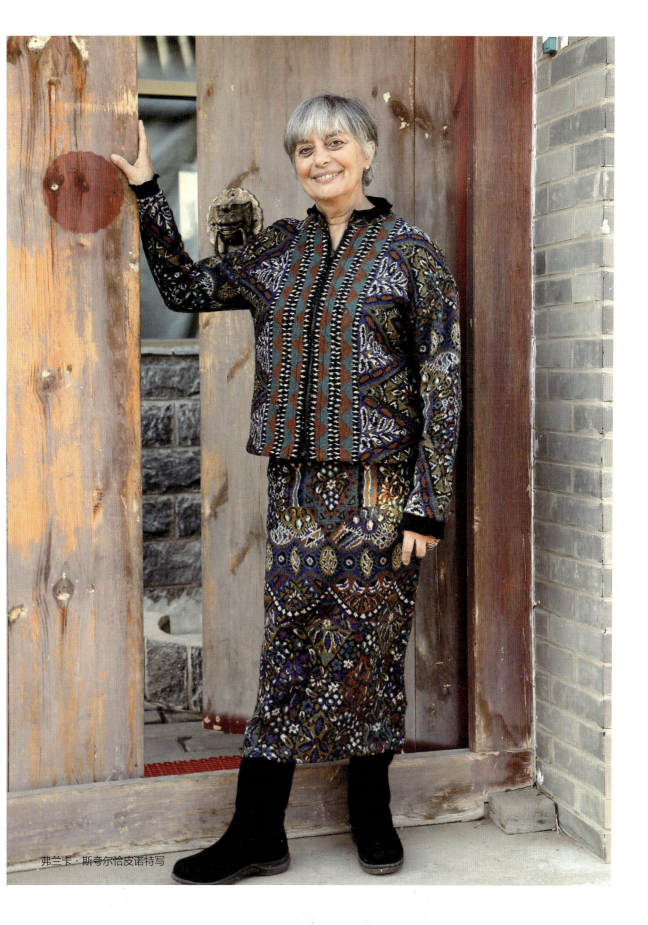

弗兰卡·斯夸尔恰皮诺特写

埃兹欧·弗里杰利奥在后台为国家大剧院制
作歌剧《阿依达》搭景

HENNING BROCKHAUS

海宁·布洛克豪斯

CHARACTER | 面孔

著名歌剧导演。曾为意大利斯卡拉歌剧院、罗马歌剧院
等多家知名剧院执导歌剧。1993 年、2003 年，他凭借
《茶花女》《逃奴》两部歌剧分别获得"阿比亚蒂奖"，这
是意大利歌剧界的最高奖项。2010 年，海宁应邀担任中
国国家大剧院版《茶花女》导演。

VOICE | 声音

"中国国家大剧院已经成为世界歌剧发展的重要阵地，它
极大地推动了中国歌剧融入到世界舞台的步伐。"

轮椅上造出
"巴黎幻梦"

2010 年 6 月 1 日，中国国家大剧院版歌剧《茶花女》首演，可容纳两千三百多人的歌剧厅内座无虚席。舞台上，十九世纪的时尚之都巴黎重现，痴男怨女觥筹交错，浪漫乐音缠绵悱恻……醉眼迷离中，观众发现演员居然已在"云间漫步"——舞台上美轮美奂的超大镜幕布景，用光影营造出"太虚幻境"。最后一幕，呈四十五度角的镜幕渐渐竖立为九十度，灯光亮起，所有观众都出现在了舞台背景里，仿佛陪伴着不幸的维奥莱塔走到命运的终点……全场沸腾了！

此时在台下不起眼的角落中，导演海宁·布洛克豪斯脸上终于露出了欣慰的笑容。时间倒退至两个月前，当时这个严谨较真儿的德国人还是一脸严肃。

作为世界上屈指可数的舞台版《茶花女》的专家级导演，海宁从未"躺在功劳簿上"。他 2010 年 4 月风尘仆仆地来到北京后，就宣布要为大剧院打造一版全新的、独一无二的《茶花女》。他打破既往的常规叙事，通过独特的舞台布景营造出一场别开生面的巴黎幻梦。可是，排练第一天，他就发起了脾气："道具为什么和演出时的不一样？这里应该摆着沙发，不是椅子！"

原来，国内歌剧排练的惯例是使用替代道具，但在海宁这儿却行不通，他要求所有道具和服装都必须和正式演出时一模一样。"排练时如果用椅子，演员就永远找不到正式演出时躺在沙发上的感觉。"火气消下去后，海宁耐心解释道。大剧院工作人员于是从办公室拖来沙发，排练顺利地推进了下去。

海宁去顺义舞美工厂检查国家大剧院版《茶花女》布景制作情况

海宁这一版《茶花女》的重中之重是面积达两百六十四平方米的镜面巨幕布景。它既可半透明反射出舞台地面的绚丽画面，又可通过角度的变换瞬间实现"移步换景"；它既可凸显"印象派"油画的梦幻质感，又为观众提供了两个视角的欣赏维度。但这一超大道具可着实让大剧院费了不少劲，除了专门从意大利进口这种叫作镜面幕的特殊材料外，剧院还请了意大利专业人员制作维修。舞台技术部工作人员透露，因为布景太过特殊，当时还出现了一个有趣的插曲：由于镜面体积庞大，承载"镜面"的塑料桶看上去像一只巨型火箭，在夜间运输时甚至惊动了有关部门，特地打电话来问为什么押送"军事武器"到大剧院。

对完美的不懈追求让海宁在工作中不断给自己施压，最终腿部旧疾复发，寸步难行。在被紧急送往医院就医后，海宁又很快回到排练现场，在一把轮椅上，完成了最后的执导工作。

结局没有辜负他的付出。《茶花女》首演后，被众多媒体盛赞："国家大剧院最富想象力的歌剧、为北京歌剧舞台增添诗意、大剧院给世界歌剧界的一个惊喜！"于是，2011年第二轮，2014年第三轮……场场一票难求。市场反响如此之好，海宁却严谨依旧，场场亲至现场督阵，但笑容却越来越灿烂。他坚信，歌剧这门来自欧洲的古老艺术，将在亚洲、在中国重新绽放出活力。

IVAN LIŠKA

伊万·利斯卡

CHARACTER｜面孔

德国巴伐利亚国家芭蕾舞团艺术总监，二十世纪最著名的
芭蕾男演员之一，在舞台上塑造了无数个性鲜明的角色。
2009 年、2011 年两次携团来访，2013 年担任中国国家
大剧院举办的"第二届北京国际芭蕾舞暨编舞比赛"评委
主席。

VOICE｜声音

"中国国家大剧院非常不一般，迎接任何复杂的大戏都
不成问题，无论硬件还是软件。这里呈现的必是全世界
最好的节目，也只有最好的节目才能与这座艺术殿堂相
匹配。"

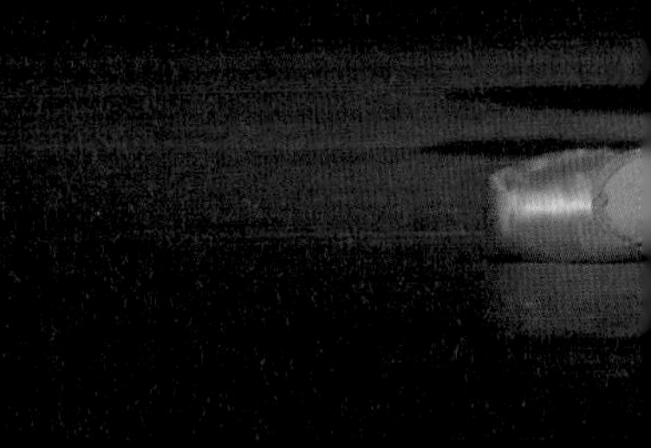

"古董团"
送来"神作"

2008年2月，一封信函从千里之外的德国寄送到了北京西长安街2号的国家大剧院："亲爱的中国国家大剧院，欣闻贵院已落成开幕，我们由衷感到高兴。我团正在拟定2009年的巡演计划，非常希望能推送一部代表剧目登上这座中国最伟大的艺术殿堂。——伊万·利斯卡。"

伊万·利斯卡，这个名字令大剧院工作人员眼前一亮。在当今"芭坛"，他的大名像一道夺目的强光。曾经一度数年，他都是舞剧《茶花女》中最经典的男主角阿芒，是风靡全球的"芭蕾男神"。

1997年，伊万·利斯卡一"转型"幕后，就执掌了德国大名鼎鼎的老牌名团——巴伐利亚国家芭蕾舞团。这支舞团有着近两百年悠久历史，连绝世佳人茜茜公主都曾

是它狂热的粉丝。十多年前，舞团曾在北京舞台上留下惊鸿一瞥，十多年后，艺术总监伊万·利斯卡竟写信毛遂自荐，要亲率这支"古董团"献演一部代表剧目。

当年，国家大剧院举办首届"国际歌剧高峰论坛"，伊万·利斯卡也成为远道而来的"座上宾"。他前来当嘉宾，其实还有一个更为重要的目的——亲自考察大剧院舞台。

作为一支建团年代可追溯到中国清朝的顶级名团，巴伐利亚国家芭蕾舞团有多达五十部代表剧目的丰富储量。而在伊万·利斯卡心中，他最想推送的只有一部，那就是"古典芭蕾之父"彼季帕的"神作"《雷蒙达》。

在全世界，以《雷蒙达》为经典保留剧目的舞团有两家，一家是俄罗斯马林斯基芭

伊万·利斯卡参加《驯悍记》新闻发布会时恰逢生日，大剧院为他送上寿桃蛋糕

蕾舞团，一家便是伊万麾下的德国巴伐利亚国家芭蕾舞团。谁都知道巴伐利亚国家芭蕾舞团的《雷蒙达》顶呱呱，但能请来这部"神作"却绝非易事。

此剧第三幕中，金碧辉煌的宫殿、规模空前的舞会需要极宏大的呈现平台，尤其那尊压轴出场的巨型雕像，高达三十米，甚为罕见。在伊万的印象中，不少知名剧院都曾对《雷蒙达》发出过邀请，但大都抱憾而归。"如果您的剧院不够尺码，这尊雕像是会把天花板顶出一个大窟窿的！"伊万常常对邀请者这样开玩笑说。

在大剧院工作人员的陪同下，伊万·利斯卡仔细勘察了大剧院的台前幕后，他一会儿登至舞台最高点三十多米处查看天顶吊杆，一会儿下到舞台最深处二十七米处观摩机械运动。"这简直是一次上天入地的探险。"他笑称。最终，这位追求"德国式"完美主义的大师竖起了大拇指："大剧院的舞台非常不一般，迎接《雷蒙达》完全没问题。"

一年之后的6月24日，来自德国的《雷蒙达》终于在大剧院舞台上得以完美呈现。

演出那天，恰好是伊万·利斯卡六十岁生日，这在中国可是个值得庆祝的大日子。国家大剧院也送给伊万·利斯卡一个小小的惊喜，为伊万捧上的不是普通的生日蛋糕，而是一只巨大的粉红色的寿桃。

JANET EILBER

珍妮特·艾尔伯

CHARACTER | 面孔

美国玛莎·葛兰姆现代舞团艺术总监。玛莎·葛兰姆现代舞团成立于 1926 年，被誉为现代舞"老祖"，一度风靡欧美大陆。创始人玛莎更被誉为"现代舞之母"，与美术家毕加索、音乐家斯特拉文斯基并称"二十世纪三大艺术巨匠"。2008 年，珍妮特率领舞团登台中国国家大剧院演出，实现玛莎生前的来华演出心愿。

VOICE | 声音

"感谢这片东方的土地，在多年前赋予了玛莎·葛兰姆大师无限的灵感；感谢这座宏伟的剧院，在玛莎逝世十七年后，终于让她的'世纪之梦'得偿所愿！"

感恩节圆
"世纪之梦"

2008 年 11 月 27 日，西方一年一度的感恩节，这是玛莎·葛兰姆现代舞团的感恩节，是艺术总监珍妮特·艾尔伯的感恩节，更是逝者玛莎·葛兰姆大师的感恩节。这一天，作为玛莎·葛兰姆衣钵的继承者，珍妮特·艾尔伯终于为她的恩师圆了一个漫长的"世纪之梦"。

带领舞团到中国，这是玛莎·葛兰姆本人直至人生尽头而未竟的梦想，她的弟子珍妮特·艾尔伯如今终于助她圆梦。

这一天，玛莎·葛兰姆现代舞团的三十余位舞者站在了国家大剧院的聚光灯下，这支世界现代舞坛的"老祖"在成立八十八年以来，第一次迎来了属于自己的"中国时刻"。

作为和毕加索、斯特拉文斯基齐名的现代艺术大师，玛莎·葛兰姆和她创立的这支舞团，影响力早已跨出舞蹈领域，成为引领现代精神生活的风标。就连大导演伍迪·艾伦、著名老派影星格利高里·派克和流行歌后麦当娜等众多世界级艺术家也纷纷拜玛莎为师，麦当娜更直呼她为艺术的缪斯，真正的女神！

"虽然玛莎大师风靡欧美，但东方世界却一直是她灵感的来源和心中的圣地，她曾到过日本，并非常期待来中国，可惜直到九十一岁暮年，这个心愿也没能实现。1991年，玛莎大师离世时，仍对来中国演出念念不忘。"作为玛莎·葛兰姆的继任者，珍妮特·艾尔伯每每提到恩师的抱憾，都不免痛心。

1991 年，珍妮特·艾尔伯正式成为舞团新的接班人和掌舵者，玛莎·葛兰姆的心

玛莎·葛兰姆现代舞团《美洲年鉴》之《枫叶拉格》剧照

愿从此也成为珍妮特·艾尔伯的夙愿。"我一直在等待，等待一个机会，当收到中国国家大剧院的邀约，那一刻，我真是喜出望外！"

为了让舞团的中国首秀尽善尽美，珍妮特·艾尔伯与大剧院精心策划达半年之久，有时越洋电话一打就是几个小时。双方最终选择了十个最具舞团特色的经典作品，汇聚成《神话寓言》《美洲年鉴》两套不同主题的节目，奉献给广大的中国观众。

2008 年 11 月 27 日至 11 月 30 日，玛莎·葛兰姆现代舞团在国家大剧院连演四天，呈现的作品贯穿了玛莎·葛兰姆的一生。其中《美洲年鉴》更是汇集了玛莎大师创作于二十世纪初至九十年代的六个著名作品，包括大师初次参演的成名之作以及她九十一岁时的收官之作，时间跨度近八十年。

"这些作品从不同层面体现出玛莎大师对美国历史文化的思索和对人类普遍现实的关注。比如对战争的憎恶、对爱情的渴望、对希望的追寻，大师把所有抽象的情愫都融入到肢体表现当中，她无比真诚地向观众倾诉和表达。观众看过这一台节目，就可以了解玛莎用舞蹈写就的辉煌人生。"即使已对这些作品烂熟于胸，但珍妮特·艾尔伯一聊起玛莎·葛兰姆，还是会合不上话匣子，激动与感慨溢于言表。

当整场演出在《光明行》璨如星光的澎湃舞步中画下休止符，坐在观众席的珍妮特第一个起身热烈鼓掌。在这个迟到了十七年的时刻，她百感交集，无法抑制自己的眼泪。

此时此刻，国家大剧院也已在后台为他们备下了另一份惊喜。当舞者们谢幕下场，一股热腾腾的香气悄然飘来，那是他们熟悉的味道——感恩节的味道！只见，大剧院

工作人员缓缓推出一只香喷喷的烤火鸡，所有人一拥而上，幸福地欢呼起来。

那一夜，在珍妮特·艾尔伯的记忆中，永远弥漫着温暖与浓香："感谢这片东方土地，在多年前赋予了玛莎大师无限的灵感；感谢这座宏伟的剧院，在玛莎逝世十七年后，终于让她得偿所愿！"

玛莎·葛兰姆现代舞团在大剧院演出剧照

PIER' ALLI

皮耶·阿里

CHARACTER | 面孔

欧洲顶级歌剧导演。自 1983 年起，他的名字就频繁出现在世界最著名的艺术机构、艺术节制作的剧目中，如意大利斯卡拉歌剧院、凤凰歌剧院、都灵皇家歌剧院、帕尔玛威尔第歌剧节等。他自 2014 年起与中国国家大剧院合作，先后在歌剧《诺尔玛》《唐豪瑟》中担任导演兼舞美设计。

VOICE | 声音

"这是我第一次在中国执导歌剧，也是中国国家大剧院第一次排演贝里尼的作品，《诺尔玛》对于我们双方都意义重大。这么棒的剧院，一定要有最完美的作品与之相称。在这里，艺术家没有理由不为艺术全力以赴。"

大师的"尺子"

2014 年 8 月的一天，中国国家大剧院排练厅，女高音歌唱家孙秀苇正在确定演唱时的站位。只见，一位褐色头发的老者跪在地上，张开手一拃一拃丈量起来。反复思考斟酌后，他圈定一点，和工作人员一起贴上彩色胶带，做出标记。

"Mrs 孙，你就站这里。无论视觉效果还是声音效果，这儿都是最佳的位置。"此人名为皮耶·阿里，是全欧洲最负盛名的歌剧导演之一。此时此刻，他正在为中国国家大剧院创排意大利美声歌剧大师贝里尼的经典佳作《诺尔玛》。

倘若没有拿起导筒，世界上也许会多一位出色的建筑大师，但必定会痛失一位不可多得的歌剧导演。皮耶·阿里早年以建筑师身份闯荡江湖，后主攻舞美设计，过人的

天赋与悟性让他厚积薄发，最终晋升导演。在歌剧故乡意大利，皮耶·阿里的作品长期为人津津乐道，意大利斯卡拉歌剧院、凤凰歌剧院、都灵皇家歌剧院，都曾篆刻下他的大名。

建筑师出身的皮耶·阿里习惯以建筑师般的精确来精研艺术。《诺尔玛》的男主角莫华伦提到皮耶·阿里和其他导演的不同，颇有感触："导演经常要求我的某个手势摆到某个高度，低一点高一点都不行。之前，我比较习惯自我发挥，但皮耶·阿里对走到哪个位置、做怎样的动作、怎样去演唱都有非常精确的要求，他是一个极为细腻的导演。"

正像人们在排练厅中见到的，皮耶·阿里经常蹲在地上用手一点一点地测量最佳站

皮耶·阿里指导孙秀苇排练

位、距离。在他心中，同样有一把无形的"尺子"，不允许艺术的水准有毫厘的偏差。

皮耶·阿里反复强调："这是我第一次在中国执导歌剧，也是中国国家大剧院第一次排演贝里尼的作品，《诺尔玛》对于我们双方都意义重大。这么棒的剧院，一定要有最完美的作品与之相称。我将全力以赴，为中国观众献上一版最好的《诺尔玛》。"

立下"军令状"后，他沿袭了自己一直以来的创作习惯：对最看重的作品，身兼双职，一手拿导筒，一手亲自操刀舞美设计。阴郁的黑森林、唯美的图腾、火红的月亮、神秘的巨盾……一把尺子加一支画笔，他描绘出一幅幅充满象征意味的独特场景。为将这一切完美还原于舞台，皮耶·阿里先于剧组提前抵京，亲自盯着所有布景道具的生产、制作、组装。进入到排练阶段，对于歌唱演员每一次出场，他更是一寸一寸地测量、一次一次地定位，丈量着距离，也丈量出大师对艺术的敬畏与虔诚。

2014年9月11日至14日，首演面世的《诺尔玛》艳惊四座。英国《金融时报》为该剧亮出了"四星"的高分。皮耶·阿里像所有观众一样，坐在观众席上暗暗注视着台上。谢幕时，掌声四起，皮耶·阿里露出无比欣慰的微笑。在国家大剧院，他做到了完美！

STEPHEN LAWLESS

史蒂芬·劳利斯

CHARACTER | 面孔

英国著名歌剧导演。曾为俄罗斯马林斯基剧院、英国皇家歌剧院、美国纽约大都会歌剧院、奥地利维也纳国家歌剧院、意大利凤凰歌剧院等知名剧院执导了一系列颇具影响力的剧作。2011年，史蒂芬·劳利斯应邀为中国国家大剧院执导施特劳斯经典轻歌剧《蝙蝠》。

VOICE | 声音

"对任何一个有梦想的艺术家来说，这里是天堂。中国国家大剧院让我实现了关于《蝙蝠》的二十年的梦。在这座伟大的剧院，创作者可以更加纯粹、更加专注。"

《蝙蝠》的
中国式"着陆"

世界知名的歌剧导演，都在执导风格和舞台呈现上具有非常独特的个人色彩。英国籍导演史蒂芬·劳利斯，正是以其独树一帜的"新古典主义"风格，确立了国际一线名导的显赫地位。尽管曾执导俄罗斯马林斯基剧院《鲍里斯·戈杜诺夫》、美国纽约大都会歌剧院《唐·璜》、意大利凤凰歌剧院《假面舞会》、德国纽伦堡歌剧院《尼伯龙根的指环》等一众佳作，但在史蒂芬·劳利斯心中，却始终有个难以释怀的心愿——他想执导一版完美的轻歌剧《蝙蝠》。

二十多年前，史蒂芬·劳利斯在伦敦第一次获得了导演施特劳斯经典轻歌剧《蝙蝠》的机会，年轻的史蒂芬全情投入，但结果并不尽如人意。舞美设计、演员阵容等都与他设想的效果相去甚远。从此，《蝙蝠》成为他的一个心结，"我最大的心愿，就是希望有朝一日能在一个设施一流的顶级剧院，集结最好的演员班底，倾注所有心血，创排一版最好的《蝙蝠》。"

1996年，史蒂芬受英国格林德伯格歌剧节邀请，再次操刀排演《蝙蝠》，虽然主创团队、演职人员都有很大改善，但他坦言因舞台条件等诸多因素限制，还是留下了一些遗憾。

2011年，已在歌剧界成绩斐然的史蒂芬·劳利斯，接到了来自中国的邀请，为中国国家大剧院版《蝙蝠》挂帅导演。这位沉默内敛的英伦绅士，按捺不住心中的热情，提前一个多月早早抵达北京。大剧院顶级的舞台硬件、超强的明星阵容、专业的制作团队，让这位一度受挫的大导演吃下了

史蒂芬·劳利斯在排练厅指导

思考中的史蒂芬·劳利斯

一颗"定心丸"。

为让这部百余年前的洋歌剧接上当代中国的"新地气",史蒂芬将全剧进行了恰到好处的本土化处理,破天荒的采用德文演唱、中文对白的新颖方式,并邀来中国本土笑星陈佩斯饰演最具喜剧色彩的"狱卒"一角。效果,自然出其不意的好。

"《蝙蝠》是一部非常精妙的结构喜剧,充满了维也纳式的黑色幽默,加上全新设计、诙谐生动的中文对白,一定能挠到中国观众的'痒痒肉'。史蒂芬本人看似不苟言笑,但却为这部作品注入了十足的包袱与笑料。"

合作中,陈佩斯对这位英国同行钦佩得竖起了大拇指。在陈佩斯眼中,史蒂芬还是个耐力惊人的"工作狂",只要他一头扎进排练厅,就废寝忘食,一连四个小时可以一口水都不喝。对此,史蒂芬却自有说辞:"我可不是工作狂,是大剧院美妙的工作环境常常让我忘记时间,对任何一个有梦想的艺术家来说,这里都是天堂。"

2011年6月3日,首演大幕拉开,这只从维也纳"穿越"而来的"蝙蝠"不但没有"水土不服",反而让中国观众乐开了花,笑翻了天。那一夜,近三个小时,歌剧院的笑声此起彼伏。曲终人散,在重归寂静的恢宏剧场,史蒂芬坐在观众席中久久不愿离去:"二十年的心愿今天终于实现了!为大剧院打造的这版《蝙蝠》是我人生中最满意的作品,它带给我无限的快乐和成就感!我会记住今晚的笑声,记住观众席上那些生动的笑脸。"

史蒂芬·劳利斯参加国家大剧院版《蝙蝠》主创见面会

TIZIANO
MANCINI

蒂齐亚诺·曼奇尼

CHARACTER | 面孔

意大利歌剧电影导演。曾担任 Unitel 公司出品的《特洛伊人》《图兰朵》等歌剧电影的导演，并长期为萨尔茨堡音乐节、意大利斯卡拉歌剧院等出品的歌剧电影担任导演。从 2013 年至今，先后在中国国家大剧院执导拍摄了《假面舞会》《图兰朵》《奥赛罗》《卡门》《阿依达》《西蒙·波卡涅拉》《参孙与达丽拉》等多部歌剧电影。

VOICE | 声音

"中国国家大剧院以最前沿的手段推动最传统的艺术，这不仅需要眼光，更需要勇气！"

世界首部 4K 歌剧电影
诞生于大剧院

2014 年 3 月 16 日，中国国家大剧院歌剧院座无虚席。这一晚，一千多名观众翘首以盼的，并非一出普通的舞台作品，而是中国第一部高清歌剧电影——《图兰朵》。

场灯渐暗，乐声四起。在高九米、长十六米的 IMAX 巨幕上，中国公主与鞑靼王子的经典故事被动人再现。不同以往的是，从真实舞台到电影银幕，一步之遥，演员的表演细节却得到了极为细腻的刻画，舞台的光影效果也得到了更有质感的还原。一切似曾相识却又如此不同，唯有歌剧本身的魅力如陈年佳酿，经过电影艺术的特殊"发酵"，愈发醇香醉人。

当大屏幕上的"卡拉夫王子"戴玉强深情唱响那首广为传唱的《今夜无人入睡》时，全场沸腾，掌声雷动。这掌声，自然是献给普契尼的不朽经典，但更是献给这部杰出的歌剧电影。毫无疑问，大剧院倾力打造的《图兰朵》在大银幕上迎来了华丽的重生！

此时此刻，就在后台，一位金发碧眼的意大利人比任何人都难掩激动，他久久拥抱着大剧院工作人员，嘴里不断重复着"Bravo！Bravo！"他，就是这部歌剧电影的导演——蒂齐亚诺·曼奇尼。

在中国国家大剧院的历史上，《图兰朵》代表着两个"第一"：它是大剧院艺术生产的开山之作，是大剧院自主创排的第一部经典歌剧；同时，它也是中国高清歌剧电影的试水之作，是大剧院推动高雅艺术数字化传播迈出的第一步。

在全世界，将歌剧搬上大银幕早已成为潮流。借科技之手拉伸歌剧魅影、推动歌剧普及，是国家大剧院一直酝酿的想法。

歌剧电影录制现场

2013年，大剧院开始向全球招募歌剧电影制作团队，经过百里挑一，意大利的曼奇尼团队脱颖而出，成为不二人选。

当年9月，曼奇尼第一次走进了大剧院，一番考量后，他被深深震撼了，说道："出道二十多年，走遍世界各地，我敢肯定，除了美国纽约大都会歌剧院，全世界没有任何一家剧院能拥有像中国国家大剧院这样如此完美的拍摄条件。"

拍摄中，曼奇尼启用了九台高清摄影机、四十八个声音通路，做出详细到每一秒的分镜头脚本。为达到完美，他不允许团队成员有丝毫差池。有一次，一人在调试设备时不慎将麦克风弄出轻微的声响，全神贯注的曼奇尼突然发飙："音乐是歌剧的灵魂，必须纤尘不染，绝对不能有任何杂音！"

历时一周、累计五十多小时的前期拍摄，长达半年的后期剪辑，曼奇尼的《图兰朵》可谓"十月怀胎，一朝分娩"。其间，精益求精的曼奇尼不厌其烦地进行了数轮修改，仅每次从意大利向大剧院远程传片，就需要整整三天三夜。

2014年3月16日，电影《图兰朵》在大剧院首映亮相，4月16日，《图兰朵》走进了北京的院线。首部歌剧电影的大获成功，开启了大剧院与曼奇尼的频繁合作。之后，大剧院版的歌剧《假面舞会》《奥赛罗》《卡门》，也相继被曼奇尼搬上了大银幕。

2015 年初，国家大剧院推出威尔第鸿篇巨制《阿依达》，再度邀请曼奇尼进行歌剧电影的同步拍摄。这一次，大剧院向曼奇尼提议："能否使用世界最前沿的 4K 技术进行拍摄，以达到更高分辨率的超清画质。"要知道，在当今电影界，只有诸如《霍比特人》这样的超级大片才会使用 4K 摄影机。这一提议令曼奇尼异常兴奋，他表示："截至目前，还没有任何一家欧美剧院用 4K 技术拍摄一部完整的歌剧电影。这对于歌剧这门传统艺术，会是一个历史性的时刻。"

十台 4K 摄影机，十个机位，七十个小时的漫长拍摄，曼奇尼倾注了 200% 的心血与气力，舞台上的《阿依达》回肠荡气，银幕上的《阿依达》同样无法复制。一部充满大剧院质感的歌剧作品就这样被完美记录在了胶片之上，每一帧画面都堪称经典。

从早年导演歌剧到如今拍摄歌剧，曼奇尼一生都在与歌剧打着交道。出生"歌剧故乡"的他曾坦言："电影是手段，歌剧才是我的最爱。"多年来，他亲眼目睹了歌剧在欧洲的式微，而此番在大剧院，曼奇尼第一次拿起最潮的 4K 摄影机，记录这门最古老的艺术样式，他感到自己正是在为歌剧延续"香火"。

"中国国家大剧院以最前沿的手段推动最传统的艺术，这不仅需要眼光，更需要勇气！"曼奇尼如是说。

歌剧电影《图兰朵》首映式

VLADIMIR LUKASEVICH

弗拉基米尔·卢卡谢维奇

CHARACTER | 面孔

世界著名灯光大师。俄罗斯马林斯基剧院灯光设计总监，并为意大利斯卡拉歌剧院、英国皇家歌剧院、俄罗斯莫斯科大剧院的舞台作品设计灯光。从 2008 年起，他先后为中国国家大剧院制作四部剧目《图兰朵》《艺术家生涯》《马可·波罗》《赵氏孤儿》担任灯光设计。

VOICE | 声音

"这座年轻的剧院对我有着强烈的吸引力！多年的合作，让我爱上了这里，爱上了这里年轻的伙伴，这个团队不仅专业，并且成长飞速。我很开心这些年能与中国国家大剧院一路同行！"

用灯光征服世界的
"老弗"

2007年12月25日，中国国家大剧院歌剧院，正在上演的英雄史诗大戏场面壮观。华丽宏大的舞台呈现、深沉浑厚的俄式合唱、三百多位艺术家的超强阵容……这部由俄罗斯马林斯基剧院打造的歌剧《伊戈尔王》，为中国国家大剧院的盛大开幕书写了浓墨重彩的一笔。

观众席中，国家大剧院院长陈平看得格外激动。他注意到，除了精彩的表演，这部歌剧的灯光是如此的特别！它为舞美布景赋予了油画般的质感，并淋漓尽致地烘托出该剧的戏剧感和层次感，尤其是伊戈尔王历尽千辛万苦返家的一幕，灯光准确地呈现出其与家人重逢的欣喜、重建家园的决心。

演出一结束，陈平就快步走向后台。在这里，他见到了这部剧的灯光师——马

林斯基剧院灯光设计总监、世界著名光影大师弗拉基米尔·卢卡谢维奇。首次见面，陈平和弗拉基米尔一见如故。得知歌剧院舞台具备推、移、升、降、转功能，主舞台的六个升降台可整体升降又可分别单独升降，顶部六十一根电动吊杆切换幕布最快仅用五秒钟，弗拉基米尔一次又一次惊叹："Amazing！我真想为你们工作！"

仿佛心有灵犀，陈平正有此意，他当即向弗拉基米尔发出邀请，请他担任大剧院首部制作剧目《图兰朵》的灯光设计。不出意料，弗拉基米尔立刻答应下来，在他看来，这座新生的剧院有着世界上最先进的设施，这对一个永远走在世界灯光技术前沿的大师来说，无疑是"最让人幸福的一件事"。

"弗拉基米尔"在俄语里表示着"征服

世界"，2008 年 3 月 21 日，伴随《图兰朵》的首演，弗拉基米尔用自己的灯光艺术，征服了国家大剧院里的观众们。为了展现绚烂夺目的舞台效果，他使用了五十余台电脑灯，并在国内舞台首次启用三级色灯，方案直到最后一刻还在修改完善。

"联排时，弗拉基米尔觉得柳儿之死一幕，灯光没能完美展现出柳儿对王子的炙爱，以及冰冷的图兰朵公主开始融化的氛围。于是，我们等晚间彩排结束后至少尝试了上百种布光方式。"大剧院舞台技术部工作人员介绍，当完成调整，弗拉基米尔走出剧院时，发现天已经亮了，那时已经是第二天早上六点。

从《图兰朵》的"珠联璧合"开始，弗拉基米尔与国家大剧院的缘分便"一发不可收拾"。随后 2009 年的歌剧《艺术家生涯》，2010 年的舞剧《马可·波罗》，到 2011 年的歌剧《赵氏孤儿》，弗拉基米尔不断地用灯光点亮着国家大剧院的舞台。为了深入理解《马可·波罗》《赵氏孤儿》两部中国原创制作的文化内涵，弗拉基米尔没少用心，他走访博物馆研究中国历史，翻看古籍查询故事背景，观看同名影视作品，甚至找出法国文豪伏尔泰根据《赵氏孤儿》改编的《中国孤儿》研读。"对于这部弘扬中国人'舍生取义'精神的歌剧，灯光同样也要凸显出其美学意境与美学价值！"

四度合作中，弗拉基米尔一直启蒙着这个新生机构的灯光团队，除了将自己的毕生经验悉心传授给"中国徒弟们"，他还始终关注它的每一步成长。2014 年 11 月，得知大剧院制作歌剧《唐·帕斯夸莱》再度获得成功，他从圣彼得堡发来邮件："这些年，大剧院的飞速成长让我惊讶！如今，俄罗斯同行都在热烈讨论这个东方新贵，我真的很想尽快再和你们合作一次！"然而，谁也没想到，这竟是弗拉基米尔留给国家大剧院的最后一封邮件。一个月后，国家大剧院收到了来自俄罗斯的噩耗：弗拉基米尔·卢卡谢维奇，因病于 2014 年 12 月 13 日去世，享年五十九岁。大伙儿最爱的"老弗"，将在天堂，与光明同行……

流淌的旋律

ANDREAS HAEFLIGER

安德烈·汉弗里格

CHARACTER | 面孔

瑞士钢琴家，毕业于朱莉亚音乐学院。与其他大多数钢琴家每年以一套作品闯世界不同，在过去五年中，安德烈尝试了九套不同类型的曲目，英国《独立报》曾这样评价安德烈："他是一位敢于冒险的音乐家，似乎没有他那灵敏的手指不敢碰触的题材。"2012年、2013年连续两年加盟中国国家大剧院"国际钢琴系列"音乐会，带来贝多芬、舒曼等德奥大师的经典作品。

VOICE | 声音

"此次能够在如此恢宏的艺术殿堂中演奏，对我来说是一次非常幸福的经历。我一定会倾尽全力用音乐触及听众的心灵，以此来回报中国国家大剧院对我的信任。"

安德烈钢琴独奏音乐会

惊喜邂逅好友

在中国国家大剧院最顶层的花瓣厅，一卷长达七米的巨幅油画每天都吸引着众多目光。画面上，中外著名艺术家济济一堂，欢聚在大剧院优美的穹顶之下。开幕八年多，六百余家中外名团频频到访，二十二万艺术家接踵而至，奇妙的邂逅每天都在这里发生。相遇的惊喜，不限于观众与大师之间，更发生在艺术家和艺术家之间。

大名鼎鼎的瑞士钢琴大师安德烈·汉弗里格就在大剧院经历了这样的惊喜。

2013年11月15日，受国家大剧院的邀请，安德烈加盟"国际钢琴系列"音乐会。演出前一天，安德烈照例前往休息室C07准备排练，当他路过隔壁的C05休息室时，门上贴着的名字让他眼前一亮——安德列斯·德尔弗斯。这位德国著名指挥家，正是自己交好多年、关系最铁的老朋友。"难道他也在这里？"安德烈心中惊喜交加，连忙向大剧院工作人员细细询问。果不出所料，安德烈得知，就在自己独奏音乐会之后的第二天，好友德尔弗斯将与大剧院管弦乐团合作，献上另一场音乐盛宴。安德烈惊叹道："太巧了，我们俩平日在世界各地飞来飞去，多年未谋面了，没想到这一次竟在中国，在大剧院相遇了。"

大剧院工作人员立即着手为两位久别的艺术家安排见面。就这样，一次意外的重逢让两位艺术家感动不已。德尔弗斯告诉安德烈，其实自己也早已在前一天就得知好朋友也来这里了，本想瞒着安德烈在他的钢琴音乐会上现身，谢幕之时，再为老友捧上一束大大的鲜花，不曾想门上的名牌却泄露

了"天机"！面对这颇富戏剧性的一幕，两位艺术家激动地紧紧相拥。安德烈动情地说："作为艺术家，能在中国国家大剧院演出，是一种值得骄傲的荣光；而作为老朋友，能在国家大剧院相遇，也是一次值得纪念的别样经历。"

有趣的是，这种巧遇还出现在小提琴大师郑京和身上。就在她相隔十年终于在大剧院举办自己的音乐会之际，她的老同学祖克曼率先与加拿大国家艺术中心交响乐团亮相同一舞台，恰好与郑京和赶了一个"前后脚"。

实际上，这样穿越地球的惊喜邂逅既在意料之外，又在情理之中。指挥家李心草曾感慨："在大剧院闲庭信步，也许随时随地会有收获。在后台、在餐厅、在咖啡座，有时一抬头，便会看到自己的偶像、看到久别重逢的老朋友。感谢大剧院，让艺术的相逢不再稀罕；感谢大剧院，搭建了一个如此巨大的国际平台。"

安德烈钢琴独奏音乐会

ANNE-SOPHIE MUTTER

安妮－索菲·穆特

CHARACTER | 面孔

德国著名小提琴演奏家。1976 年，年仅十三岁的安妮－索菲·穆特登上琉森音乐节，一时间成为音乐节上的热门人物。以至于原本只是在几天后演出的卡拉扬也听到了风声，他邀请穆特次年前往萨尔茨堡音乐节与柏林爱乐乐团合作。从那时起，穆特开始了她作为职业演奏家的生涯，并在全世界的各大音乐厅均取得了巨大成功，被认为是当今世界上最成功的小提琴演奏家之一。2008 年以来，穆特多次在中国国家大剧院演出。

VOICE | 声音

"中国国家大剧院是让我特别喜爱和期待的舞台，对我而言意义非凡。我非常荣幸，可以带着我们国家的音乐来到大剧院这座美丽的建筑，希望人们可以在这里享受到把大家连接在一起、并且给予大家很多美好的音乐语言所带来的无限乐趣。"

情义、技艺与意义

2008 年 5 月 27 日，安妮－索菲·穆特来到中国，首次亮相刚刚成立不久的国家大剧院。为了完美呈现此次演出，国家大剧院专门从德国空运古钢琴，让曲目中小提琴协奏曲《四季》完美展示原汁原味的巴洛克神韵。这样的精心准备是值得的。当晚，穆特的《四季》总会让人不自觉地想到之前卡拉扬指挥柏林爱乐的《四季》的那种味道，她让春夏秋冬四季有一种想象式的画面感，又不失鲜活灵动，让观众如身临其境、叹为观止。

穆特在前一站上海演出时，得知中国四川刚刚发生地震灾情，将其所得全部捐给地震灾区；在国家大剧院演出时，她则以加演巴赫《G 弦上的咏叹调》的形式，表达了对灾区的关心与祈福："我了解失去亲人的

切肤之痛，我会用音乐为这些不幸的家庭祈祷！"

穆特的大剧院之行在温情的氛围中开始，也在惊喜的偶遇中发酵。5 月 28 日晚，第二场演出结束，穆特不顾疲惫坚持参加完大剧院的签售活动，并将现场四百五十五张唱片全部签售一空。然而当得知国家大剧院正在举办她的老师——赫伯特·冯·卡拉扬诞辰一百周年图片展时，穆特兴奋地要求前去观看。

卡拉扬大师对于穆特而言，无异于伯乐之于千里马。四十年前，年仅十三岁的穆特初次登上世界著名的琉森音乐节舞台，时任柏林爱乐终身艺术总监的卡拉扬大师，对年轻的穆特多有提携，这位小提琴女神由此迅速在世界舞台展露锋芒，被卡拉扬称为

穆特在大剧院演出

"自梅纽因以来最伟大的音乐天才"。

正因有此情结，虽然当时已是晚上十一点，但穆特完全不顾一天的劳顿和随行人员的劝说，只见走进展廊后的她时而微笑凝视，时而举手沉思，时而兴奋得像孩子一样，并不时用德语和身边的人们说："天啊！""嘿！这个我知道！"带着对恩师的追忆，穆特一直逛到第二天凌晨，迫于凌晨四点要坐飞机飞赶到下一个演出地，她在数次深情凝望老师的肖像后，才恋恋不舍地离去。这份情缘也为穆特下一次与国家大剧院的相逢留下了伏笔。

2011 年 5 月 2 日，以一袭高贵的黄金色丝绸礼服亮相的"小提琴女神"再次登临国家大剧院的舞台，为国家大剧院"五月音乐节"系列演出揭幕。那一晚，穆特演奏了德彪西《G 小调奏鸣曲》、门德尔松《F 大调奏鸣曲》、莫扎特《降 B 大调小提琴奏鸣曲》和《卡门幻想曲》。她极富灵气的演奏使作品散发出既忧郁又充满想象力、既浪漫温婉又不令人生腻的韵味。

琴弓下悠长柔美的音乐线条、绝佳的分句处理……穆特的超群技艺让全场观众在音乐会结束时起立鼓掌、近乎疯狂地喝彩！被热情感染的她双颊激动地通红："中国国家大

剧院是让我特别喜爱和期待的舞台，对我而言意义非凡。我非常荣幸，可以带着我们国家的音乐来到大剧院这座美丽的建筑，希望人们可以在这里享受到把大家连接在一起、并且给予大家很多美好的音乐语言所带来的无限乐趣。在这里我已演出了很多古典作品，接下来，我想把一些当代作曲家的作品介绍给北京的乐迷。"

2016 年 10 月，穆特践行了其诺言，第三次莅临国家大剧院，为北京观众带来她 8 月刚刚在琉森音乐节上演出的曲目，让乐迷不出国门就能欣赏到世界顶级音乐会作品。"其中有一曲叫作《齿轮》，是与我长期合作的当代作曲家科里尔为我量身打造的。许多世代以来，音乐家们常被定义为作曲家的仆人。而在这部作品中，我参与了创作，这对一个演奏者来说是一件非常幸运的事。我非常期待在中国国家大剧院的舞台上为大家带来更多惊喜！"

穆特在大剧院音乐厅演出

CARMEN GIANNATTASIO

卡门·加纳塔西奥

CHARACTER | 面孔

意大利女高音歌唱家，2002 年，年轻的她不仅斩获了多
明戈世界歌剧声乐比赛的头奖，同时也赢得了该届比赛
的"观众奖"。此后，开始在意大利乃至国际歌剧舞台上
崭露头角。她录制的罗西尼《湖上少女》、多尼采蒂《帕
里西纳》等诸多精良的唱片，荣获 2011 年度留声机大奖。
2015 年，加盟中国国家大剧院自制歌剧《诺尔玛》，担
纲该剧女主角。

VOICE | 声音

"我唱遍了全世界的剧院，没有任何一家像中国国家大剧
院一样让我心动，它漂亮而又优雅，格调高却不失亲切，
我实在太爱它了！"

最美的
"封面女郎"

对很多歌剧演员而言，天籁之声与天使容颜似乎不可兼得。但卡门·加纳塔西奥却绝对是个例外。这位意大利女高音真是上帝的宠儿，不单有着如水晶般纯净的嗓音，还有着超高的颜值。正因如此，卡门不仅在歌剧界顺风顺水，在时尚圈也相当吃香，诸多顶级大牌都曾邀她跨界代言。

签约成为中国国家大剧院版歌剧《诺尔玛》的女主角后，卡门收到了一份特殊的拍摄邀约，这份邀约来自《国家大剧院》杂志。这是大剧院旗下的一份专业艺术期刊，它有意让卡门成为当期的封面女郎。

尽管演出行程排得满满当当，卡门还是欣然应允："以前我给许多时尚杂志拍过封面，但这次不一样，我更愿意为纯粹的艺术出镜。并且，早就听说大剧院非常美，能

在这里留下影像，注定是一种独一无二的体验，一份无法复制的纪念。"

拍摄当天，夕阳的余晖下，身着一袭白裙的卡门，成为了整个剧院公共空间中最美丽的"女神"。而在她的眼中，这座剧院也是风姿绰约、优雅动人的"女神"。

她从五层一路往下，一会儿饶有兴致地站在花瓣厅巨幅油画之下，一会儿走进长十六米、高十三米的羊头战船，逛逛琳琅满目的艺术品商店，在弥漫着浪漫气息的咖啡厅里，品尝一杯香浓的卡布奇诺。

走走停停间，原定一个小时的拍摄延长到了三个小时。卡门沉浸在"发现之旅"中，越来越放松，状态也愈加的好。她似乎早已忘却这是个拍摄任务，忘情地主动摆出各种造型，在敞亮的玻璃幕墙边，莹白的

卡门参演大剧院制作歌剧《诺尔玛》，饰演诺尔玛

演出剧照

大理石石阶上，波光粼粼的水下廊道里都留下了她的倩影。结束拍摄后，卡门恋恋不舍提出了唯一的请求：将所有在大剧院的照片打包带走，留下永恒的回忆。

高难度的唱段，丰满的戏剧形象，Hold住全场的"女神"气质……卡门在台上的惊艳表演，珍藏在了每一位观众心中。而那些定格在大剧院的影像也留在了她的心底。"我唱遍了全世界的剧院，没有任何一家像中国国家大剧院一样让我心动，它漂亮而又优雅，格调高却不失亲切，我实在太爱它了！"

ENZO KARP HORNO

恩佐·卡普尔诺

CHARACTER|面孔

意大利老牌男中音歌唱家，声音浑厚有力，兼具极佳的舞台表现力，曾与著名指挥里卡多·穆蒂合作录制《西西里晚祷》《茶花女》《洛多伊斯卡》等多部歌剧。2013 年，他加盟中国国家大剧院制作歌剧《意大利女郎在阿尔及尔》，饰演穆斯塔法一角。

VOICE|声音

"中国国家大剧院在舞台背后所做的，比它在舞台之上呈现的，还要多成百上千倍。"

说东北话的
意大利"笑果"

"哎呀妈呀，谁绊了我一跤！"一位浑身金光灿灿的"土豪"，操着浓浓东北腔，踉踉跄跄地扑上舞台……这是大剧院版罗西尼歌剧《意大利女郎在阿尔及尔》的开场"笑果"。这枚"笑果"可不一般，整晚，他一会儿秀几段流利的意大利"贯口"，一会儿又来两句地道的东北俏皮话，浑身包袱满身戏，成功抢占第二天各大报纸的头条。

他就是来自意大利的男中音——恩佐·卡普尔诺。他扮演的北非酋长穆斯塔法是《意大利女郎在阿尔及尔》中的男二号。唱了三十多年歌剧的恩佐堪称这一角色的"专业户"。在意大利斯卡拉歌剧院、英国皇家歌剧院、美国纽约大都会歌剧院，恩佐版穆斯塔法都曾为人们带来会心一笑。

历史上，罗西尼的喜歌剧但凡在意大利以外的国家演出，总要在对白中加入当地方言俚语，入乡随俗地接接"地气"。大剧院版《意大利女郎在阿尔及尔》也不例外，这是该剧两百年来的首部中国制作，大剧院创造性嵌入了喜感爆棚的"东北话"！这一度让恩佐挠头。恩佐精通英语、法语、意大利语、西班牙语，但对中文却一窍不通，而这次演出，他不仅要操起中文念白，还要讲出地地道道的东北味儿！为帮恩佐克服语言关，大剧院特意为他物色了一位"黄金搭档"，此人正是与恩佐搭戏的中国青年歌唱家——王鹤翔。

王鹤翔生在东北，长在东北，东北话说得倍儿流利爽脆。虚心的恩佐向小他二十多岁的王鹤翔"拜师"，认认真真地学起了东北方言。半个多月里，这一对"师徒"

恩佐出演国家大剧院版《意大利女郎在阿尔及尔》，饰演穆斯塔法

几乎形影不离，排练间、休息室、咖啡厅、食堂，无论何时何地，两人动不动就会飙上一段东北念白，背后下了不少功夫。大戏开演，恩佐也终于"出师"。这个操东北腔的老外让中国观众倍感亲切，恩佐也从现场一阵阵哄笑中获得了巨大的成就感："观众的共鸣如此强烈，如果没有大剧院的帮助，我想我一定做不到这么好！"

投之以木桃，报之以琼瑶。演出结束后，恩佐没有马上离去，而是慷慨献上了一堂大师课，与中国同行分享自己三十多年的声乐经验。包括王鹤翔在内的众多青年歌唱家、大剧院驻院演员，都接受了恩佐的倾

囊相授。作为世界乐坛的老牌男中音，恩佐丰富的舞台经验历练出了一番独特的见解："人的发声系统就像水管，要控制声音的大小和强弱，就要掌控好阀门和水压，阀门就是发声的位置，水压就是腹腔里的空气，不同的声音要不断地切换发声点和呼吸，这样才能发出最美妙的声音。"恩佐一边讲解，一边不厌其烦地一遍遍示范，他讲得尽兴，王鹤翔等更听得过瘾："中外同行间的这种业务交流对我们而言弥足珍贵，效果也实实在在，用一句东北话形容，那真是'杠杠的'。"

两年过去了，恩佐和王鹤翔依然保持着

亲密而频繁的交往。是国家大剧院，让这两位原本素不相识的同行成为了好朋友；也是国家大剧院，为中外艺术家搭建了可贵的学习交流平台。如今，在恩佐 Facebook 的首页上，中国国家大剧院版《意大利女郎在阿尔及尔》的剧照赫然在目，这是他此次中国之行留下的永恒纪念。恩佐说："中国国家大剧院在舞台背后所做的，比它在舞台之上呈现的，还要多成百上千倍。"

《意大利女郎在阿尔及尔》第二幕剧照

EVELYN GLENNIE

伊芙琳·格莱尼

CHARACTER | 面孔

著名打击乐家，每年在全世界各地演出超过一百场，与许多著名的指挥、乐团和艺术家都有过合作。作为格莱美奖得主、英国电影和电视艺术学院提名的艺术家，她的作品被电影、电视和音乐图书馆广泛收录。2012 年，加盟中国国家大剧院首届"国际打击乐节"。

VOICE | 声音

"脚踏在中国的舞台上，让我非常享受这一次在中国的演出，在国家大剧院，我感受到了打击乐不同以往的魅力。"

我要击打出 | 中国的脉搏

　　2012年伦敦奥运会的开幕式上，一头银发的"失聪"打击乐家伊芙琳·格莱尼，被《泰晤士报》评为当晚最大的亮点之一。就在这场世界盛会结束短短两个月之后，这位光芒四射的打击乐家空降北京，为中国国家大剧院首届打击乐节献上压轴大戏——"从西方敲到东方"。

　　对此次中国首秀，格莱尼格外看重，刚下飞机，她就迫不及待地直奔大剧院。打击乐的魅力在于，它不是一件乐器的独角戏，而是十八般兵器的盛宴狂欢。也正因如此，打击乐家如果到各地巡演，是无法携带各自的乐器的。因此，这次演出的乐器都是大剧院一件一件为格莱尼挑选准备的，其中很多都颇具中国特色。

　　当格莱尼走进陈放乐器的大剧院小剧

场，立刻笑逐颜开。近百平米的舞台上乐器比肩林立，陈列有序，犹如亟待检阅的士兵：从拳头大的沙球到半人高的定音鼓，从西洋味的爵士鼓，到中国风的木鱼。格莱尼像个兴奋的孩子，穿梭在乐器里"玩"个不停，时而敲敲三角铁，时而捶捶架子鼓……她用了整整两个小时，从一百三十多件乐器里挑选出了最心仪的一组。

　　格莱尼的这场音乐会成为了当年打击乐节的压轴好戏，自然也掀起了热潮，连李飚、刘恒等颇具名气的打击乐家也慕名而来，为格莱尼捧场。

　　演出当晚，格莱尼开场的第一曲，就是中国作曲家陈怡的《打击乐协奏曲》。格莱尼对中国文化特别着迷，当初大剧院希望她在音乐会加入中国元素时，她欣然同意，在

伊芙琳·格莱尼加盟国际打击乐节闭幕音乐会

数十首中国作品中，她一眼相中了这部陈怡的经典之作。乐曲的三个段落灵感都取自中国传统戏曲，巧妙地将京剧《霸王别姬》中的《夜深沉》、苏东坡的《水调歌头》和出兵打仗的曲牌《疾疾风》联结在一起，催生了妙不可言的化学反应。

格莱尼一记重锤开锣，两臂挥舞，迅如闪电，擂了几小节大鼓，旋风般又转身去敲大锣……气势时而如雷霆滚滚，时而如豁然裂帛，时而雄壮激烈，时而庄严肃穆，把打击乐器的韵味发挥得淋漓尽致！更令人叫绝的是，格莱尼巧借一头银发，化身京剧老生，招式之间显露出一种不怒而威的气场；演出当中，她还用中文朗诵了整整一阕的《水调歌头》：明月几时有，把酒问青天……让这场音乐会充满了一种别样的中国味道。

作为一位有着严重听力障碍的音乐家，一双赤足，光着脚上台，是这位失聪音乐家感受音乐的独特方式——通过感知地面的震动，将演奏转化为脑海中的音乐符号。而这一次，格莱尼却有更加深刻的体悟："脚踏在中国的舞台上，让我非常享受这一次在中国的演出，在国家大剧院，我感受到了打击乐不同以往的魅力。"

FRANCISCO MERI

弗朗西斯科·梅里

CHARACTER | 面孔

意大利男高音歌唱家，声线优雅婉转，细腻动人，同时带有金属般的质感，是当今最炙手可热的新生代男高音之一。他曾两度担纲中国国家大剧院版歌剧《爱之甘醇》的男主角，也曾两度加盟大剧院版歌剧《弄臣》，受到中国观众的一致好评。

VOICE | 声音

"对我来说，中国国家大剧院是个充满奇迹的地方，它是我职业生命中非常重要的一站。"

献出第一次"倒带"

2011年秋，对世界著名男高音歌唱家弗朗西斯科·梅里来说，是名副其实的"中国国家大剧院时间"。这位国际歌剧界的新锐小生，8月底还在国家大剧院的《弄臣》中扮演风流倜傥、不可一世的花心公爵，9月初又化身憨直淳朴的乡下小伙内莫雷诺，出现在了大剧院版《爱之甘醇》的舞台之上。谁能想到，这短短半月之内连演两部大剧院自制歌剧的奇妙缘分，竟源自一次"误打误撞"的意外之喜。

彼时，大剧院版《爱之甘醇》的男一号原本要由另一位西班牙籍歌唱家阿尔韦罗出演。但"天有不测风云"，就在临近演出之时，阿尔韦罗因紧急情况不得不赶回欧洲，只好无比遗憾地作别。面对这一突发状况，国家大剧院第一时间就想到了梅里，希望这位声线动人、可塑性极强的男高音前来救场。

接到邀约的梅里喜出望外。早在一年前，他就曾在这版《爱之甘醇》中挑起大梁，此番可谓"梅开二度"，梅里自然是摩拳擦掌、跃跃欲试。但紧接着，天生乐观的梅里却失眠了，一连数日都辗转反侧，无法安然入睡。原来，是因为签证！前脚刚从大剧院《弄臣》的舞台上返回到意大利的家中，后脚又要重办理签证，尽管在大剧院的协调下，梅里的签证进入了最快捷的"绿色通道"，但眼瞅着时间将近，仍迟迟没有音信。

一天、两天、三天……梅里有些坐不住了。"我不想失去这次机会，虽然自己在全世界的知名度并不低，但能在中国国家

国家大剧院版《爱之甘醇》剧照，梅里饰演内莫里诺

大剧院登台并救场，还是一件很荣耀的事。"事后，梅里回忆说。9月5日，距离正式演出只有五天了，焦急中的梅里终于接到了使馆的电话："您去往中国的签证办理好了！"那一刻，梅里几乎激动得跳了起来，他当即收拾行李赶往机场，坐上了第一班飞往中国的航班。

事实证明，大剧院的选择没错，梅里的等待更是值得。与大剧院之前的多次合作，让梅里轻松融入了新的班底，也迅速找到绝佳的状态。

当大幕拉开，他的表现可谓渐入佳境，从咏叹调《我终于得到了灵药》到二重唱《去问那温柔的清风》，梅里的状态越来越放松，演唱却越来越出彩。当剧中最著名的咏叹《偷洒一滴泪》来临时，不可复制的经典一幕出现了！梅里双膝跪在月色中的草坪上，深情唱完这曲令人怦然心动的经典，观众席先是陷入了一片空灵的寂静，旋即爆发了雷鸣般的掌声，"Bravo"的叫好声此起彼伏，久久未能平息。

这时，指挥、乐团、梅里，三者仿佛心有灵犀，停顿片刻后，开始"倒带"。这位号称"金嗓子"的男高音再度"洒泪"，将此段咏叹完完整整又重唱了一遍。这不是大剧院历史上的第一次，里奥·努奇也曾在大剧院返场演唱，但这却是梅里职业生涯中的第一次，他表示："太不可思议了，但一切都是那么自然，情之所至，又有什么关系呢？我和所有观众一样，都很享受那样的时刻。"

于是，在 2015 年，梅里带着夫人赛蕾娜·冈贝罗尼再次来到国家大剧院演出《爱之甘醇》，二次演出，梅里提出："我和夫人就是在年轻时演出《爱之甘醇》相爱的，她也是最好的阿迪娜。"也是因为夫妻的合作，让观众感受到更多的默契，而梅里也再一次返场"倒带"演唱《偷洒一滴泪》。梅里每逢谈起这段经历，总会说："噢，中国国家大剧院！对我来说，那是个充满奇迹的地方。"

梅里参演国家大剧院版《弄臣》，饰演曼图亚公爵

GÜNTER
PICHLER

格特·皮席勒

CHARACTER | 面孔

阿班·贝尔格四重奏小提琴首席。该四重奏组合 1971 年组建于音乐之乡奥地利，被誉为"本时代最伟大的弦乐四重奏组合"，曾获德国唱片大奖、英国留声机大奖、第一届国际古典音乐大奖等三十多个国际奖项。2008 年 7 月，阿班·贝尔格四重奏在中国国家大剧院演出，这是该组合首次亮相北京，同时也是他们的绝响告别演出。

VOICE | 声音

"在此之前，我们从未到过中国，但曾听一位朋友谈论过中国国家大剧院——那是一个古老国度里新兴的艺术殿堂，全世界都在向它观望。阿班·贝尔格最终选择它作为三十七年音乐旅程的终点。这里虽是我们的终点，但却可能是古典音乐的崭新起点。这是一次空前绝后的美丽邂逅，值得珍藏在我们每个人的心间。"

阿班·贝尔格的
四重奏绝响

在中国国家大剧院五层的展览厅，陈列着一件独一无二的展品：四只手印模型，编号001。这是全世界最伟大的弦乐四重奏组——阿班·贝尔格在这里留下的永恒纪念，也是他们最后一次告别演出的珍贵明证。2008年7月16日，这支名冠全球的音乐四人组在大剧院画下永远的休止符，结束了长达三十七年的音乐旅程。

两把小提琴、一把中提琴、一把大提琴，弦乐四重奏是世界上最主要和最受欢迎的一种室内乐形式。多年来，阿班·贝尔格四重奏一直被看作是上帝赋予的"天作之合"，是业内当之无愧的佼佼者。也许应了那句老话，天下没有不散的筵席。因为一员老将的意外离世和一句恪守多年的团队承诺，2008年，阿班·贝尔格四重奏决定

急流勇退，告别乐坛。最后一站选在何处，对他们而言非同寻常。

首席小提琴手格特·皮席勒忆起当年，觉得一切仿佛冥冥中早已注定："我们计划从家乡维也纳出发，去到最远方为阿班·贝尔格寻求一个结束。一开始原想去南半球的阿根廷，后来却意外收到了中国国家大剧院从北京发来的邀请。在此之前，我们从未到过中国，但曾听一位朋友谈论过大剧院——那是一个古老国度里新兴的艺术殿堂，全世界都在向它观望。我们最终选择了它。这里虽是阿班·贝尔格的终点，但却可能是古典音乐的崭新起点。"

格特·皮席勒和他的伙伴没有想到，在地球的另一端，国家大剧院正在为阿班·贝尔格准备一场漫长而盛大的告别。演出前

阿班·贝尔格四重奏在大剧院音乐厅演出

几个月，一系列追寻阿班·贝尔格艺术足迹的沙龙活动已经拉开序幕，吸引了超高的人气。当格特·皮席勒一行四人抵达北京，走进大剧院，一百余位中国乐迷以经久不息的热烈掌声欢迎着他们，四位艺术家不禁热泪盈眶。

7月16日当晚的音乐会更是弥漫着浓浓的离情别绪。整个音乐厅座无虚席，这其中有来自日本的女大学生、有从香港赶来的一家三口，还有远涉重洋的欧洲白发乐迷……

这是阿班·贝尔格最后一次音乐朝圣，指尖的每一个音符都仿佛从心底流出，乐声中有数不尽的深情与诉说，惜别的不舍与伤感自始至终笼罩着全场。最后时刻，阿班·贝尔格特地选择了贝多芬经典的《大赋格》返场。

彼时彼刻，四位艺术家和台下的许多观众一样，眼里分明闪烁着泪光。"空前绝后"，这是大剧院副院长杨静茂对这场告别音乐会的评价。十六年前，他曾在德国聆听阿班·贝尔格的现场演奏，没想到再度邂逅竟已是诀别。临行之际，大剧院特地邀来手模艺术家为阿班·贝尔格留下纪念。当四位艺术家在特制的印泥上同时按下手印，历史就这样被封存于大剧院的记忆之中。对阿班·贝尔格而言，这一次与中国国家大剧院的美丽邂逅，同样"空前绝后"。

阿班·贝尔格四重奏在国家大剧院留下手模

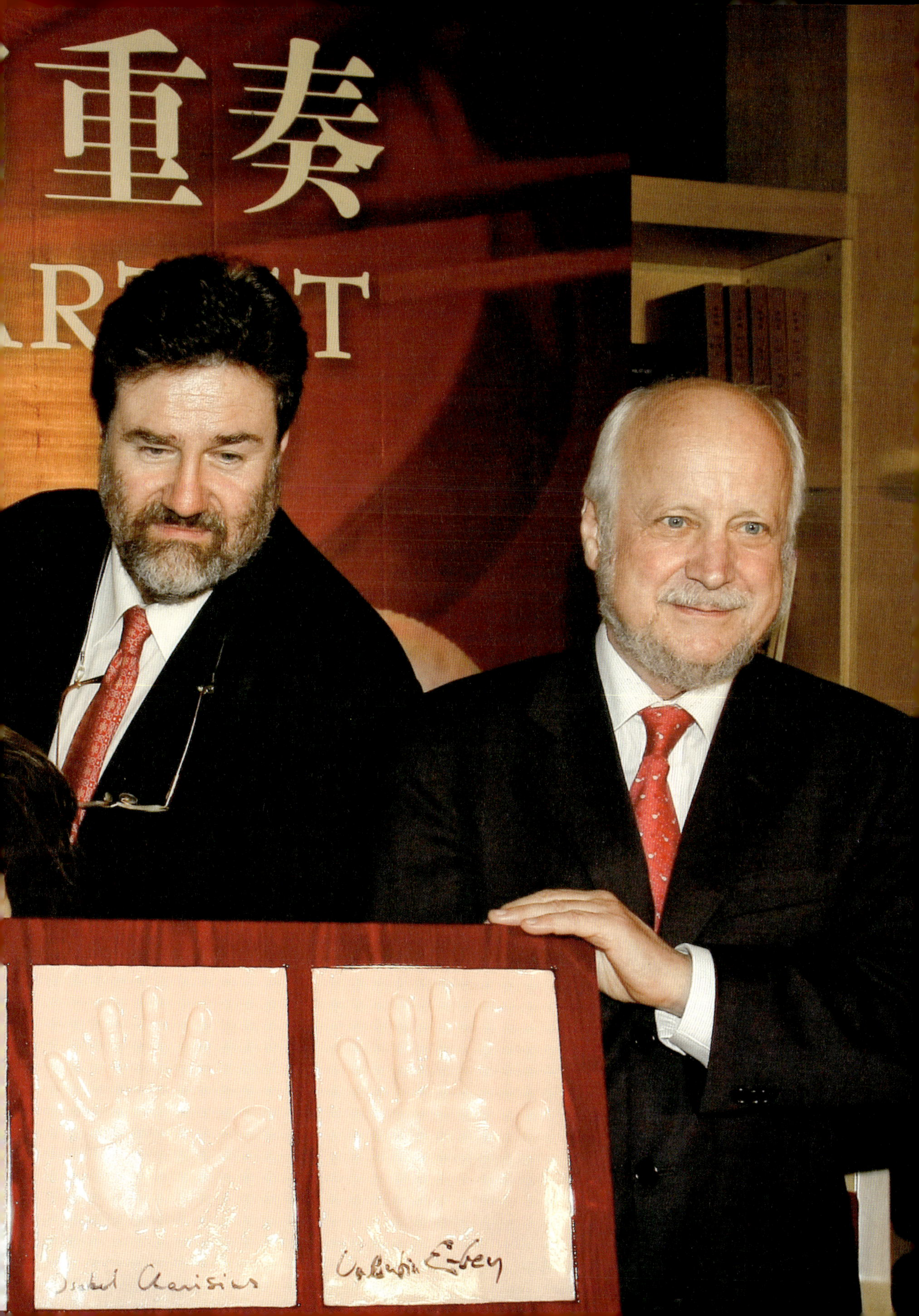
重奏

KYUNG-WHA CHUNG

郑京和

CHARACTER | 面孔

当今世界一流的女小提琴家，十九岁时获美国勃文垂特国际比赛一等奖，开启了她的艺术生涯。此后多次与伦敦爱乐乐团、柏林爱乐乐团、克利夫兰交响乐团合作。2013 年，在中国国家大剧院举行独奏音乐会；2016 年，加盟大剧院"五月音乐节"。

VOICE | 声音

"这是全世界最好的剧院。我想把中国国家大剧院打包带回韩国！这里的音效太好了，它可以让我尽情发挥对音乐的一切理解。"

想把大剧院打包

在中国国家大剧院的舞台上，著名指挥家郑明勋是北京观众极为熟悉的一位常客。不过，他的姐姐、著名小提琴大师郑京和却是难得一见的稀客。

这位世界一流的小提琴家，其实很早在中国就拥有"粉丝团"。她生于1948年，六岁习琴，九岁就登台与首尔爱乐乐团合作，叱咤乐坛数十载。早在1970年，郑京和演奏的柴科夫斯基协奏曲的录音带，就被华侨带到中国，当时，迷恋古典音乐的人们掀起了复制郑京和磁带的热潮。

2013年10月18日，在粉丝的期盼中，郑京和终于出现在国家大剧院音乐厅的舞台上，这一天，距离她上一次北京演出整整十年。

其实，这十年间，郑京和遭遇过艺术人生最大的坎坷。2005年，因为一次无名指受伤，郑京和曾一度退出舞台，当时，这个意外令无数乐迷心碎不已。并没有气馁的郑京和回到母校茱莉亚学院任教，将自己丰富的舞台经验传授给学生。所以，在隐退七年后，郑京和的复出，立刻成为古典乐圈的一大盛事，而再度驾临北京，更是北京乐迷的一大盛事。

演出前两天，一走进国家大剧院音乐厅，郑京和就爱上了这里。

"这里的音效品质远远超出我的想象，在这里长长地拉上一根弦，声音的共鸣简直会让人打个寒战，这是个屈指可数的世界级的高品格舞台，在这里，任何艺术家都有表现一场的欲望！"排练中，她如此表达着她对大剧院的喜爱。

郑京和与国家大剧院管弦乐团合作

演出当晚，出了名不喜欢返场的她，连续加演了三首曲目，以至于不少乐迷大呼："赚翻了！"

粉丝李先生，已年过花甲，他特意带来珍藏四十多年、郑京和录制的黑胶唱片，请她签名，这让郑京和十分意外和感动。

当最后一名观众离开，时间已近晚上十一点。郑京和仍意犹未尽，她向工作人员提出想去看看夜色中的大剧院。

10月中旬的北京，夜晚已经很冷，当日天空还飘洒着细细的雨丝，而这些却丝毫没有打消艺术家的念头。她脱下鞋子，绕着大剧院的人工湖走了一整圈，不断发出赞叹："太壮观了，太漂亮了！能给我照张相么？在这儿，还有那儿！再来一张……"

北京美丽的夜色中，花甲之年的郑京和如同孩子般开起了玩笑："中国国家大剧院真的太棒了！如果有一天大剧院消失了……那一定是我把它给打包去韩国了！"

PIERRE-LAURENT AIMARD

皮埃尔－劳伦·埃玛德

CHARACTER | 面孔

法国钢琴家，钢琴界炙手可热的宠儿。他所弹奏的钢琴曲被视为典范，几乎每年都与柏林爱乐乐团、巴黎国家歌剧院等国际顶级乐团合作，并现身琉森音乐节、萨尔茨堡音乐节、伦敦南岸艺术中心等。2011年、2014年两度加盟中国国家大剧院"国际钢琴系列"音乐会。

VOICE | 声音

"我是钢琴界的冒险家，我的信心来自于中国国家大剧院，它拥有一支无比专业、无比出色的团队，助我完成了一场华丽的冒险。"

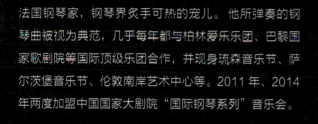

"冒险家"的
华丽"冒险"

法国钢琴家皮埃尔－劳伦·埃玛德，可谓当今钢琴界炙手可热的宠儿，布列兹、库塔格等作曲大家都喜欢将自己新诞的作品交给他来首演。

在圈内，这位钢琴大师则是一个"令人抓狂"的人物。曾经为录制某专辑，他对钢琴音色百般"挑剔"，要求调音师在一架钢琴上调出四种不同的音色模式，差点把维也纳金色大厅的首席调音大师史蒂芬·克努佛给"逼疯"。这一切都被记录在一部名为《我为钢琴狂》的纪录片中。

2011年，埃玛德第一次现身中国。他的到来让中国乐迷欣喜若狂，却也让中国国家大剧院的工作人员颇为谨慎和紧张。这一次，这位对艺术追求极致的钢琴大师在国家大剧院上演了现实版的"我为钢琴狂"。

11月24日晚，刚刚结束在伦敦的演出，还来不及参加庆功宴，埃玛德就搭乘飞机赶往北京。第一次在中国亮相，埃玛德精心准备了两套风格迥异、跨度极大的作品：一套是李斯特"古典范儿"的《B小调钢琴奏鸣曲》；一套是超"酷炫"的现代钢琴作品——《布列兹钢琴奏鸣曲》和《里盖蒂钢琴奏鸣曲》。要兼顾这两套截然不同的曲目，大剧院的钢琴调音师早早做好了准备。

一到大剧院，埃玛德就直奔音乐厅，试奏了两套作品后，他沉思片刻，果然提出了一个与众不同的要求："谢谢你们，钢琴的音准已调得非常精确，每一个音都没有偏差，但我需要八十八个琴键的音色完全均匀一致，每个键的音长和强弱都要一模一样，这样才能同时适应这两套作品。"

皮埃尔－劳伦·埃玛德钢琴独奏音乐会

在钢琴界，音准不能跑偏是调音师的"红线"，但细致到对每一个琴键音色做出要求还真不多见。大剧院调音师没有迟疑，迅速摆开工具，开始对八十八个琴键一一调试、比对、核准。整个过程，时间仿佛静止，空气仿佛凝固。调音师专注地趴在钢琴上，额头渐渐渗出了汗珠。埃玛德则在一旁静静看着。在他眼中，大剧院的调音师也在用特殊的工具演奏着一首乐曲，一首与众不同的"调音三部曲"。

一个多小时之后，调音结束。埃玛德稳稳坐下，竖起耳朵，从低音区到高音区，一个键一个键，一个音一个音地完整聆听了一遍。一向"较真"的他感到有些不可思议："天哪！这就是我想要的效果！你们竟然这么快就做到了！要兼顾古典和现代两种风格，'均匀'才是最好的音色。能做到如此'均匀'，大剧院真是藏着不少高人，人才济济啊！"

当晚，埃玛德弹得极为尽兴，他当即承诺："下一回，我要为中国观众献上更为多变混搭的曲目！"君子一言，驷马难追。2014年埃玛德果然又回来了。他没有食言，一口气弹了二十九首乐曲，疯狂地在古典与现代之间不停跳跃，创下当时大剧院历年钢琴音乐会之最。"我是钢琴界的冒险家，我的信心来自于中国国家大剧院，是它助我完成了一场华丽的冒险。"

RENÉ JACOBS

勒内·雅各布斯

CHARACTER | 面孔

世界知名指挥家。曾执棒过多支古乐团，定期与科隆古乐合奏团、启蒙时代古乐合奏团等合作，在古乐与莫扎特歌剧等方面颇有成就。2015 年携弗赖堡巴洛克古乐团在中国国家大剧院演出，这也是他首次造访中国。

VOICE | 声音

"中国国家大剧院对待音乐的态度和我一样执着，我想也是我们能取得成功的原因，大剧院之旅是我的第一次中国之行，但肯定不是最后一次，我爱这所剧院，我一定会再回来。"

向全球发布
"寻琴启事"

"如果要我带着乐团来中国国家大剧院演出，一定要有一架 Fortepiano（早期钢琴），它无可替代！唯有它才能还原十八世纪的独特音色，没有它，就没有原汁原味的《唐璜》！" 2015 年 6 月，著名指挥勒内·雅各布斯给大剧院出了一道难题，在前期签约谈判时，他提出了一个"苛刻"的要求：要为音乐会版的《唐璜》配一架 Fortepiano。

Fortepiano 是现代钢琴的前身。十七世纪意大利琴师融合"羽管键琴"和"击弦古钢琴"两类琴的优势，制作出了更具特色的 Fortepiano。它丰富的音色，灵动的变化，使其迅速风靡整个古典乐界。巴赫为之创作了《音乐的奉献》，莫扎特也在自己的 Fortepiano 上创作了五十余部作品，其中就有雅各布斯将在大剧院执棒的经典歌剧《唐璜》。

如今，这种风靡于十八世纪的古琴，已经退出了历史舞台，完全被现代钢琴所取代。从哪里寻得这么一架古琴呢？这着实让大剧院颇费苦心。

实际上，这不是大剧院第一次演出"古乐"，大剧院版歌剧《魔笛》《费加罗的婚礼》中，曾多次使用过比 Fortepiano 还要古老的羽管键琴。为此，大剧院专门向乐器制造商订购了一台羽管键琴。在大剧院看来，音乐是不能有丝毫将就的，为了还原本真音色，大剧院从来都努力做到最好。

这次也不例外。大剧院向全世界的乐器制造商和音乐厅发布了"寻琴启事"，希望能够完美重现莫扎特笔下清新动人的田园气息。然而因为 Fortepiano 的构造与现代钢

勒内·雅各布斯指挥音乐会《唐璜》

琴十分接近，大部分演出都直接以现代钢琴替代，它已极少被使用，比羽管键琴更难寻芳踪。目前，国内的乐器制造商和音乐厅，没有一家存有 Fortepiano，即使加急定制，也需要一年的时间才能赶制完成。

怎么办？演出时间越来越近，大剧院正欲从日本高价租借一台，所谓"踏破铁鞋无觅处，得来全不费工夫"，就在情急之下，大剧院得知，在中国音乐学院就有一台 Fortepiano！经过一番协调和争取，中国音乐学院最终同意借出"镇院之宝"，将这台"蒙尘"的古钢琴，重新献上艺术的舞台。

那是一个无比美妙的夜晚，鲁特琴、古提琴，配上大剧院几经波折寻来的 Fortepiano……即使对于熟悉这部歌剧的观众来说，这次演出都刷新了他们的音乐体验。演出结束，雅各布斯更是兴奋地忍不住在舞台上跳起了舞。大剧院的一折"寻琴记"让这位古乐第一指挥无比感动。"作为一个从歌唱家转行的指挥，我对音色特别敏感，细微的不同，都可能会产生意想不到的化学反应。对我而言，一丝一毫的偏差都是不可原谅的。中国国家大剧院对待音乐的态度和我一样执着，我想这也是我们能取得成功的原因，大剧院之旅是我的第一次中国之行，但肯定不是最后一次，我爱这所剧院，我一定会再回来。"

ROBY LAKATOS

罗比·拉卡托斯

CHARACTER | 面孔

被誉为"吉卜赛小提琴之王",受到众多古典小提琴大师推崇,对小提琴音乐发展有重要影响。除了深谙古典曲目演奏之道外,还在爵士乐、流行乐以及电影音乐上颇有造诣。2014 年,加盟中国国家大剧院"五月音乐节",与他的"茨冈室内乐团"奉上"午夜玫瑰"爵士乐音乐会。

VOICE | 声音

"越靠近观众,我越放松,遇见中国国家大剧院的'午夜玫瑰',真是一份难忘的惊喜,在这里演奏,我无比酣畅!"

邂逅"午夜玫瑰"

你印象里的小提琴家是怎样的？长身玉立，风度翩翩？西装革履，英俊潇洒？人称"吉卜赛小提琴之王"的罗比·拉卡托斯将颠覆你所有的想象：大腹便便的可爱体型，俏皮的阿凡提式八字胡，蓬松浓密的莫扎特式长卷发……如同漫画人物一般亲切和幽默。

罗比的音乐也同他的外形一般亲和力十足，吉卜赛人热情浪漫的基因流淌在他的血液里，靠近人群演奏就是他情绪的最佳催化剂。如今，这位"不走寻常路"的"小提琴鬼才"应邀走遍了全球绝大多数顶级音乐厅：美国纽约卡内基音乐厅、英国伦敦皇家阿尔伯特音乐厅、日本东京三得利音乐厅、澳大利亚悉尼歌剧院……兜兜转转间，他走上了中国国家大剧院"午夜玫瑰"的舞台，并对它一见钟情。

"午夜玫瑰"是大剧院每年唯一一场爵士乐的主题音乐会，也是大剧院每年一度"五月音乐节"的精彩压轴。在音乐厅演出结束后的午夜时分，公共大厅将盛大开启一场爵士乐的狂欢派对，艺术家将走入人群间即兴演奏。大厅里弥漫着葡萄美酒的浓香，流淌着醉人的音乐，外面是浪漫的仲夏与波光潋滟的湖面……这是午夜时分绝美绽放的音乐盛宴，这是只为爵士乐摇摆的玫瑰之夜，由此被赋予"午夜玫瑰"的浪漫含义。

当天生浪漫的罗比，遇见了这朵浪漫的"午夜玫瑰"，又会发生怎样的浪漫故事？

这一晚，结束音乐厅演出后，罗比迫不及待地来到大厅中，手持小提琴，在人群中穿来穿去。被黑压压的人群围在中间的他，无比享受空气里带着浪漫气息的潮热场面。

罗比·拉卡托斯在公共空间演出

这位公认的"世界最快的手指"的热情被观众催化，疯狂轮指的间隙，还炫技地放开左手向观众致意，将小提琴稳当地夹在左颊下，右手执弓飞快地拉出旋律。在这样的氛围里聆听爵士乐，观众们有一种恍惚迷离感，所有欢快、浪漫、热情与怀旧的情绪都被放大。

正当人们手举酒杯，随着罗比的音乐摇摆时，突然上演了戏剧性的一幕。一个男孩手捧着一大束火红的玫瑰，单膝跪地深情表白，送上闪耀的钻戒，现场向女友求婚。这浪漫动人的一幕也感染了所有的见证者，目睹此景的罗比竟也忍不住吹了个口哨，与在场的观众不停齐声高喊"嫁给他"。当女孩眼含热泪地接过了男孩的钻戒后，罗比兴奋不已地走到这对幸福的"新人"旁边，即兴演奏了一曲《爱的罗曼史》，送上醉人的祝福。这时，大剧院工作人员特地为这对情侣端上美味的蛋糕，由成功求婚的"男主角"分给在场的观众，而男孩把第一块蛋糕送给了罗比，表示对他的感谢。开心的罗比接过他们的"喜饼"，毫不犹豫地一口咬下，白色的奶油粘在他可爱的八字胡上，引得全场观众欢笑不止，罗比也毫不在意地一起大笑起来。

艺术的狂欢持续至翌日才落下帷幕，罗

拉卡托斯特写

比却依旧兴奋不已，意犹未尽地说道："在大剧院演出太过瘾了，人们的热情让我无比激动，这种零距离互动的爵士乐的伟大就在于，听众听得尽兴，乐手们玩音乐的兴奋和享受程度常常远超听众。大剧院的'午夜玫瑰'让我全身心地投入，在大剧院演奏，我无比酣畅！今晚，我一定会兴奋地睡不着！"

THE KING'S SINGERS

国王歌手

CHARACTER | 面孔

英国著名六重唱组合，由两位假声男高音、两位男高音、一位男中音和一位男低音组成，以其无伴奏清唱的风格成为全世界最受欢迎的阿卡贝拉团体。自 1966 年成立以来，被《泰晤士报》等各大主流媒体推荐为历史最佳合唱团体。2008 年、2010 年、2011 年、2014 年、2016 年五次唱响中国国家大剧院。

VOICE | 声音

"四十多年了！我们在全世界各地举办过数千场音乐会！从来都是我们为观众表演，观众为我们鼓掌，没想到今天在中国国家大剧院，角色有趣地对调了，观众为我们唱起了歌，给了我们一个大大的惊喜！"

签售会上
遇见惊喜

闭上眼睛，你会以为身边是一支琴瑟齐鸣的大型乐团；睁开眼睛，你却发现，偌大的舞台原来只有六人！六位歌者，赤手空拳，没有任何道具，仅凭声带和口技，便创造出一场精彩绝伦的"声音秀"！

自从 2008 年"国王歌手"将四十周年纪念巡演的亚洲站选在了中国国家大剧院，他们就与这里结下了不解之缘。"这些年，不论演出档期有多满，我们都会每隔一年就回到这里，这已经成为我们和大剧院间一个不成文的默契约定。"

若干年前，"国王歌手"在中国知之者寥寥。如今，这个组合已积累了一大批中国的铁杆粉丝。在"国王歌手"看来，这与大剧院这一颇具影响力的国际平台不无关系。也正因如此，他们每一次在这里亮相，

都铆足了劲儿，十八般武艺，尽情施展。

2014 年 5 月 17 日，"国王歌手"第四次走进了大剧院。六位艺术家无论如何也没有想到，这一次，中国的粉丝竟给他们带来了惊喜！

当晚的演出像往年一样，一切都很圆满。晚上九点三十分，谢幕后的"国王歌手"没有片刻休息，从后台直奔唱片签售现场。一个小时后，他们还要赶往机场，连夜乘机飞往下一个目的地。这就意味着，今晚的签售必须控制在一小时之内。

"国王歌手"来到签售现场时，这里已排起"长龙"，场面极为壮观。六位艺术家一刻也不敢耽搁，拿起笔，埋头"沙沙沙"地认真给观众签名，然后握手、拥抱……

"国王歌手"参加大剧院"五月音乐节"公益演出，在王府井教堂带来经典曲目

　　一个、两个、三个，一百个、两百个、三百个……时间一点点流逝，离告别的时刻越来越近，等待签名留念的观众却还有很多。"国王歌手"的经纪人许蕾有些焦急，不时地看着手表，凑到艺术家耳边一次次提醒："是时候说再见了。我们没有时间了，必须马上出发。"

　　时间指在了十点四十五分，签售活动已延时了一刻钟，仍有部分观众在排队等待。工作人员拉起了隔离线，宣布签售结束。六位艺术家依依不舍地起身，向观众挥手作别。

　　就在这时，远处的人群中突然传来了动听的歌声。"Why don't you just hug someone，just kiss someone.The best is yet to come……"所有人的目光循声而去。

　　只见，几位在队尾排着的年轻人声情并茂地唱起了"国王歌手"当晚音乐会献唱的金曲——《最好的尚未来临》，歌声悠扬，有板有眼。

　　原来，他们是北京化工大学合唱团的成员。团长邢丞最初就是因为在大剧院看了

"国王歌手"在大剧院音乐厅演出

"国王歌手"的演出，才萌生了组建合唱团的念头。眼看要与艺术家擦肩而过，邢丞和他的小伙伴是在用这种方式向偶像致敬，为他们送行！

目睹此情此景，六位成员停下匆匆的脚步，转身向这些年轻人迎了上去，大声说着"Thank you!"并给了邢丞他们一个深情拥抱。其他观众也被深深感染，纷纷跟着邢丞哼唱起这首经典老歌。大剧院的穹顶下，回荡起了一曲动人的合唱……

"四十多年了！我们在全世界各地举办过数千场音乐会！从来都是我们为观众表演，观众为我们鼓掌，没想到今天在中国国家大剧院，观众为我们唱起了歌，给了我们一个大大的惊喜！"

VIOLETA
URMANA

薇奥莉塔·乌玛娜

CHARACTER | 面孔

世界著名女中音歌唱家，立陶宛人。以擅长演绎威尔第
和瓦格纳的经典作品著称。1993 年出道至今，频繁登台
意大利斯卡拉歌剧院、维也纳国家歌剧院、纽约大都会歌
剧院等世界顶级舞台。2014 年 8 月，乌玛娜登台中国国
家大剧院，出演大剧院版歌剧《乡村骑士》一剧女主角。

VOICE | 声音

"三十年来我与许多欧洲顶级剧院都有合作，但和中国国
家大剧院却一见如故，它丝毫不比那些欧洲同行逊色，甚
至更具潜质与活力。对待创作，大剧院始终坚持最高的
审美标准。我景仰这座殿堂，我一定会再回来！"

二分之一的"遗憾"

对每一位到访过中国国家大剧院的艺术家而言，这里都是一个不留遗憾的地方。无论来自何方，他们都能在这里一圆艺术之梦，收获满堂喝彩，乘兴而来，满意而归。然而，薇奥莉塔·乌玛娜，这位誉满全球的女中音歌唱家，却在大剧院留下了二分之一的小小"遗憾"。

2012年，国家大剧院开始酝酿制作举世闻名的经典歌剧《乡村骑士》，乌玛娜成为女主角桑图扎的不二人选。在业内，乌玛娜有着桑图扎第一"专业户"的美誉，凭借这个王牌角色，她在欧洲火了足足二十多年。当收到大剧院的邀约，乌玛娜二话没说，当机立断，爽快应约。用她的话说："这简直是天赐良机！"

是什么原因让乌玛娜对中国之行如此笃定、如此向往？一方面，她此前从未走进这片国度，另一个更深层的原因，则缘于三十年前乌玛娜与京剧的一次美丽邂逅。

1981年，乌玛娜刚满二十岁，还是立陶宛国立音乐学院的一名学生。那一年，来自中国北京的某京剧团到立陶宛访问演出。乌玛娜出于好奇，买了生平第一张演出票。没想到，她一下子就被京剧迷住了。独特的唱腔、生动的脸谱、华美的行头、优雅细腻的一颦一笑，充满程式感的动作设计让乌玛娜如痴如醉，从此沦为一个不折不扣的中国京剧迷。

多年之后，乌玛娜成为一名专业歌剧演员，对京剧的痴迷也越陷越深。身处异国，她只能找来各种京剧视频过眼瘾，不曾再有机会走进剧场看现场演出。"一直以

乌玛娜在大剧院艺术资料中心参加见面会

来，我都梦想着去中国，再听上一场地道的京剧。这次来中国出演《乡村骑士》，我不仅要为国家大剧院演一场好戏，更想在大剧院看一场好戏，重温京剧之美！"

2014年8月，带着这小小的心愿，乌玛娜抵达大剧院开始了《乡村骑士》的排练。在她看来，京剧与歌剧是如此不同，却又有着某种神秘的相似与相通："我觉得《乡村骑士》中的'桑图扎'，很像京剧《铡美案》中的'秦香莲'。她们都遭受了丈夫的无情背叛，情感中纠结着女性的愤怒、悲伤、绝望与嫉妒。"在塑造桑图扎这一角色时，乌玛娜格外用心地推敲着表演，自己设计了很

多颇为出彩的细节，还巧妙从京剧表演中"借力"。在全剧最高潮处，桑图扎的丈夫决斗而亡，乌玛娜饰演的桑图扎悲痛欲绝，扑通一声轰然倒地，她的头蜷缩在身体里，哭诉吟唱，浑身抽搐颤抖，让人不禁联想到悲愤交加时一样在颤抖着的秦香莲。现场观众无不被这动情的表演深深打动，《乡村骑士》的导演强卡洛由衷慨叹："她完全吃透了这个角色。此刻，乌玛娜就是桑图扎附体！"很少有人知道，为了练习这"扑通"的一摔，乌玛娜磨破了两副护膝，身上撞出多处淤青。她就像京剧里的"角儿"一样含辛茹苦，也像"角儿"一样收获了观

众无与伦比的热情追捧。那一晚，中国观众呼喊着她的名字，掌声和喝彩震耳欲聋，更有甚者直接将鲜花抛上了舞台。大幕三启三合，人们才恋恋不舍地离去。

乌玛娜成就了大剧院的《乡村骑士》，却没能了结自己长久以来的那个心愿。《乡村骑士》演出结束后，由于早先定好的演出行程，乌玛娜没有等到大剧院最近的一场京剧演出。在大剧院，她完成了二分之一的心愿，也留下了二分之一的遗憾。

带着眷恋与不舍，乌玛娜踏上了归程。临行之际，她专程来到大剧院艺术品商店，精心挑选了一套包含"生、旦、净、末、丑"的京剧娃娃："这次没听上京戏，就让我把中国国家大剧院的京剧娃娃带回家吧。三十年来我同许多欧洲顶级剧院都有合作，但和大剧院却一见如故，它丝毫不比那些欧洲同行逊色，甚至更具潜质与活力。对待创作，大剧院始终坚持最高的审美标准。我景仰这座殿堂，我一定会再回来！下一次，我要弥补这二分之一的遗憾，在这里看京剧，听大戏，重温中国国粹之美！"

国家大剧院版《乡村骑士》剧照，乌玛娜饰演桑图扎

WAYNE MARSHALL

韦恩·马歇尔

CHARACTER | 面孔

英国管风琴演奏家，同时也是钢琴家和指挥家。作为管风琴家，他演出的曲目风格多样，足迹遍及全世界，曾在巴黎圣母院、佛罗伦萨大教堂等地演出，并多次参加BBC逍遥音乐节。2008年加盟中国国家大剧院管风琴艺术周，2011年二度造访国家大剧院。

VOICE | 声音

"中国国家大剧院不仅是最现代化的剧院，有着顶尖的设施，更重要的是它拥有最专业的团队，大剧院人的专业化水平让我叹服！"

三栖艺术家
情迷"镇厅之宝"

2007年末，在英国家中休假的韦恩·马歇尔收到一封来自大洋彼岸的邀请函。刚成立不久的中国国家大剧院，将在开幕演出季中，举办管风琴艺术周，诚邀他加盟。一连确认了好几遍，马歇尔还有些不敢相信。作为指挥、钢琴、管风琴三栖艺术家，他曾多次以指挥和钢琴家的身份到过中国，却从未进行过大型管风琴演出，更别提举办管风琴独奏音乐会了。带着满满的好奇与惊喜，马歇尔接下了这张"英雄帖"。

2008年，马歇尔应约而至，不承想竟遇见了多位管风琴界的老友：久未见面的科隆大教堂的首席管风琴师温弗·伯尼，传奇大师玛丽·阿兰文的嫡传弟子文森特·沃尼，身兼慕尼黑音乐学院教授的管风琴家弗

莱德曼·温侯弗……这次大剧院举办的管风琴艺术周，集结了来自英、德、法、荷、中五国的顶尖演奏家们，将呈现横贯德、法、意三大流派，总揽古典学派、浪漫主义、现代风格的多元化管风琴作品。马歇尔感慨万千："在全世界，如此大规模的管风琴展演并不多见！"

管风琴，是国家大剧院音乐厅的"镇厅之宝"，与科隆大教堂大名鼎鼎的那架琴同出一门。走进音乐厅，马歇尔一下子就被它紧紧抓住了目光。这架亚洲最大的管风琴由六千五百根发音管组成，最长的管子长十米，比三层楼还高，重达九百斤，最短的管才十厘米，仅仅是根牙签的长度。此情此景，马歇尔忍不住先弹为快，手脚并用，尽情挥洒。饱满温暖的音色，优美纯净的

音质，广阔多元的音区，配以音乐厅的绝佳声学设计，这让他爱不释手。更让马歇尔喜出望外是，大剧院的管风琴还有模仿夜莺和布谷鸟叫声的特有效果，马歇尔当即决定改变自己曲目的编排，将这些"独家音符"呈现在演出中。

为确保音乐会的完美效果，大剧院还专门对管风琴进行保养和声音调试。自身颇为精通管风琴调音的马歇尔，提出跟着调音师们探秘这座"镇厅之宝"，大剧院方面欣然应允。令马歇尔吃惊的是，大剧院工作人员可比他想象的专业得多！复杂的线路丝毫没有干扰调试人员的判断，在调音尺、调音刀下，所有的音符——校准到位。看着他们熟练的动作，显然早已不是第一回操刀了。原来，大剧院的调音师们不仅全程观摩了管风琴长达一年多的安装过程，对它的内部结构了如指掌，还专程在德国厂家学习了一个多月，对如何搞定这架连温度上升一度，声音都会低0.08赫兹的"娇贵"乐器颇有经验。

整整花了五个小时，维保小组终于完成了调试。而马歇尔全程都看得津津有味，对大剧院竖起大拇指："管风琴是全世界最庞大和最复杂的乐器，调试工作尤为专业，大多数音乐厅都靠厂家协助才能完成，没想到大剧院竟然能够独立操作。中国国家大剧院不仅是最现代化的剧院，有着顶尖的设施，更重要的是它拥有最专业的团队，大剧院人的专业化水平让我叹服！"

韦恩·马歇尔管风琴独奏音乐会演出

美好的未来

DEBORAH RUTTER

黛博拉·鲁特

CHARACTER | 面孔

美国肯尼迪艺术中心总裁。曾先后担任洛杉矶爱乐乐团主管，洛杉矶室内乐团、西雅图交响乐团行政总监，芝加哥交响乐团总裁。在她的牵线下，中国国家大剧院与芝加哥交响乐团、肯尼迪艺术中心建立起紧密的合作伙伴关系。

VOICE | 声音

"中国国家大剧院管弦乐团是一支非同凡响的中国乐团，音乐家们不仅技艺卓越，而且音乐中富有青春活力，他们的精神面貌是当代中国崭新形象的代表。在中美建交 35 周年的这个历史场合中，没有比他们更适合的、能够最好地传播中国声音的文化使者了。我是大剧院管弦乐团永远的听众！"

我是大剧院
永远的听众

"Bravo！ Bravo！"美国芝加哥交响中心传来一阵阵热烈的喝彩声。舞台上，中国指挥吕嘉用指挥棒在空中划上休止符，乐团奏出的美妙之音久久回荡……2014年11月2日，中国国家大剧院管弦乐团开启建团以来首次北美巡演，首站芝加哥迎来"开门红"。

两千多名听众一次次起身为乐团鼓掌欢呼，这其中，一位特殊的女士引起大家关注。她深情凝望着这支新生代乐团，眼神里充满赞许和鼓励，仿佛注视着自己的孩子一般。她就是黛博拉·鲁特，美国古典音乐界重量级人物。曾先后执掌西雅图交响乐团、芝加哥交响乐团、肯尼迪艺术中心等多家顶级艺术机构的黛博拉，无疑是这一领域的执牛耳者。听了几十年音乐会，她自信地称自己为"职业听众"："今天，我专

门从华盛顿赶来，我是中国国家大剧院管弦乐团最忠实的听众。"

穿过静谧悠远的陈其钢作品《五行》，徘徊在王羽佳《拉威尔G大调钢琴协奏曲》的迷人触键下，沉浸于活力四射的德沃夏克《第八交响曲》《斯拉夫舞曲》的旋律中……国家大剧院管弦乐团的精彩演出，让黛博拉的思绪回到了几年前。

2009年，时任芝加哥交响乐团总裁的黛博拉·鲁特随乐团首次来到中国，来到国家大剧院。演出当晚，黛博拉一直驻足在上场口，关注台下动向，她惊喜地发现，观众席中竟有那么多的年轻人，这在她心中激起层层涟漪："我在这里，看到了古典音乐的希望！"而随后数次的耳闻目睹，更让黛博拉确信，中国国家大剧院已经成为世界古

典音乐版图的新高地和无数人关注的新焦点。她下定决心，"牵手"大剧院，建立更紧密深入的合作关系。

2013年，黛博拉·鲁特再度带领"芝加哥之声"造访北京。这一次，她特地多停留了两日，专门观看了一场国家大剧院管弦乐团的音乐会。彼时，这支乐团成立还不满两年，成员平均年龄不超过30岁，但"识人无数"的黛博拉，以敏锐的目光一眼就看到了这块璞玉不俗的潜质："这是一支非同凡响的中国乐团，音乐家们不仅技艺卓越，而且音乐中富有青春活力，他们的精神面貌是当代中国崭新形象的代表。"她许下心愿：期待有一天在芝加哥交响乐团的"主场"，接待中国国家大剧院管弦乐团的演出。

在"有心人"黛博拉的牵线与撮合下，在中美艺术巨擘的共同策划下，2014年，中国国家大剧院管弦乐团开启了成立以来规模最大、历时最长的国际巡演，横跨美国、加拿大七大主流城市，芝加哥正是此行的第一站。黛博拉尽显"地主之谊"，从乐团的落地接待、住宿安排到演出的宣传营销，她付出大量心力。同年9月，黛博拉出任肯尼迪艺术中心总裁。刚刚走马上任的她，又在第一时间再次向大剧院管弦乐团发出热情邀请。于是，继芝加哥交响中心之后，大剧院管弦乐团又登上了大名鼎鼎的肯尼迪艺术中心——这座当今古典音乐世界的顶级艺术殿堂。

11月3日，华盛顿肯尼迪艺术中心音乐厅，大剧院管弦乐团两次返场演出仍无法满足热情的观众，乐手们直至回到化装间还能听到观众的欢呼声。此时，黛博拉·鲁特悄悄走了进来，这位戏称自己听过上千场音乐会的"职业听众"，与这些"中国的孩子们"一一拥抱，并竖起大拇指称赞道："你们的表现令人惊喜！2014年是中美建交35周年，在这个历史场合中，没有比你们更适合的、能够最好地传播中国声音的文化使者了！我是大剧院管弦乐团永远的听众！"

PAUL
ANDREU

保罗·安德鲁

CHARACTER | 面孔

世界著名建筑设计师，法国人。1967年，因设计巴黎戴高乐机场候机楼而享誉国际。此后，参与了许多国际大型项目的建设，尼斯、雅加达、开罗、上海浦东等国际机场均出自他之手。2001年，保罗·安德鲁从来自全世界的六十九个竞标方案中脱颖而出，成为中国国家大剧院的设计师。

VOICE | 声音

"在我此生所设计的诸多建筑作品中，中国国家大剧院在我心中排第一！"

一颗种子
与一座剧院

2007年9月25日，在中国最重要的道路、"神州第一街"长安街的核心，酝酿时间近半个世纪、施工时间近六年的中国国家大剧院，以"一颗璀璨夺目亦卓尔不群的水上明珠"造型，首度亮相即惊艳了北京、中国、乃至世界。它也使保罗·安德鲁——从包括十个国家、三十六个设计单位、六十九个竞标方案、著名建筑设计师云集的残酷竞争中成功突围的建筑设计师，再次成为全球建筑界和文艺界瞩目的焦点。大剧院落成后，安德鲁站在剧院外，凝望着这座从笔下图纸到真实存在的宏大建筑，神色一扫平素的淡然，激动之情溢于言表。

如果时间可以倒回上世纪九十年代末，国家大剧院刚开始招标时，安德鲁却全然不是这般志得意满的模样。虽然他早在二十九岁就因设计巴黎戴高乐机场候机楼而成名，之后数十年在世界建筑设计界"身经百战"，但彼时正打算参与中国国家大剧院设计竞标的他冥思苦想多日，却毫无头绪与灵感。

在一次飞赴北京的国际航班上，他无意间拿起自己从非洲带回的猴面包树的种子，独自在手中把玩起来。凝望着这枚神奇的、黑黝黝的椭圆形大种子，安德鲁突然灵光一现，脸上露出了惊喜的表情。他立刻拿出铅笔，在纸上勾勾画画，几个小时之后，飞机落地北京，安德鲁的手中已经有了国家大剧院最初的雏形。

"用中国文化的说辞就是，这枚种子就像我的吉祥物，我从拾到它后一直带在身边，它为我带来了很多好运。"

安德鲁参加国家大剧院开幕酒会

安德鲁参加国家大剧院开幕酒会

最终，功力深厚的安德鲁在这枚"种子"的护佑下，以万尺高空中神来的设计灵感演化出的椭圆形现代建筑，折服了苛刻的竞标评审团。"我想在中国的传统中做一些突破，中国国家大剧院应该像一颗能孕育生命的种子，并最终生发为一块梦想之地。同时，它也将成为每一个走进剧院的人的艺术沃土，"安德鲁深情地形容着他的作品，"大剧院要表达的是内在的活力，是在外部宁静笼罩下的内部生机。人们也可以把它比喻成一个'蛋壳'，永远孕育着生命，永远有精彩破壳而出。这就是我的设计灵魂——外壳、生命和开放。"

安德鲁坦言，在他此生所设计的诸多建筑作品中，中国国家大剧院在他心中排第一！他与这座剧院的缘分，始于那枚神奇的种子，但却延续至他整个的生命。

大剧院落成开幕之后，安德鲁也成为这里的常客。每次来到中国，哪怕日程再紧、工作再忙，安德鲁都会特意挤出时间，到国家大剧院里看上一场演出。当这位大名鼎鼎的设计师走在剧院的人群之中，没有人知道他是谁，甚至没有人注意到他。但安德鲁的幸福却无人能及，这种幸福并非虚无缥缈，它真实而有重量！

MURIEL FAYETTE

缪利埃尔·法耶特

CHARACTER | 面孔

法兰西戏剧院行政总监。曾执导和参演世界多个剧院的戏剧作品，并荣获法国艺术与文学勋章和功勋骑士勋章。2011 年，她率领法兰西戏剧院在中国国家大剧院上演了经典剧作《无病呻吟》。

VOICE | 声音

"我钟情于中国国家大剧院，是因为它拥有世界最顶尖的舞台设施和国际一流的管理运营，为艺术家提供了一个近乎完美的展示平台。"

三百年的"戏剧圣殿"自降身价

"不可思议！超乎想象！这样的机会不是百年一遇，而是三百年一遇！"能让著名导演王晓鹰发出这样感慨的，是因为来的剧团是法兰西戏剧院，他们在戏剧界享有极高声誉。

2011 年 10 月，在中国国家大剧院的盛邀下，有着三百三十一年悠久历史的法兰西戏剧院，首次造访中国，他们带来了镇院之宝——莫里哀经典剧作《无病呻吟》。

演出当晚，即使演出票早已售罄，大剧院门口仍徘徊着许多骨灰级戏剧发烧友，不忍离去。

法兰西戏剧院的这部大戏，当然也没有让中国观众失望。全剧中最抢眼的，莫过于"女仆"。她总是及时现身，化解家中危机，成全小主人的美事。虽然这部剧透着荒诞和可笑，但她的表演却非常克制、细腻，以高超的演技牵动着观众的神经。

台下的观众并不知道，女仆的扮演者缪利埃尔·法耶特，不仅是一名演员，还是法兰西戏剧院的行政总监。正是在她的坚持与努力下，三百年的"戏剧圣殿"才得以与年轻的中国国家大剧院穿越大洋"世纪握手"。

创办于 1680 年的法兰西戏剧院在戏剧界享有极高的声望，但在成团的三百多年的历史上，却鲜有出国演出的经历。

在 2009 年时，中国国家大剧院向他们发出邀约，但当时，法国方面开出了极高的演出费，他们表示："一个由路易十四创建的剧院，在任何方面都是不打折扣的。"

面对此情形，国家大剧院始终没有放

法兰西戏剧院《无病呻吟》剧照

弃，与对方的谈判整整持续了两年。大剧院的诚意深深打动了法兰西戏剧院的行政总监缪利埃尔·法耶特。

2011 年 7 月，法耶特专门派出团队来大剧院实地考察。这里一流的舞台设施、专业的运营管理深深触动了法耶特，她当即决定："一定要让这次巡演得以成行！"

为此，她四处奔走，甚至向时任法国总统的萨科齐寻求帮助，争取来了大笔赞助。一座三百年的法国"戏剧圣殿"，首次放低姿态，主动将演出费降低到了原来的三分之一，这一举动，也让国家大剧院十分感动。

2011 年 10 月 27 日，法兰西戏剧院终于将他们原汁原味的莫里哀经典喜剧送到了北京观众面前。

为了让观看演出的观众"无障碍"观看此剧，国家大剧院特意请来专家翻译剧本，力求翻译后的台词更"接地气"，参与翻译的专家每天开一次碰头会，提出了许多富有建设性的意见。

"你们太棒了！中国的观众太棒了！"仅仅几天，法耶特就爱上了国家大剧院和它的观众，"没想到你们会对莫里哀如此了解！观众对演出的每一点反应都恰如其分，他们就好像是莫里哀专家。"法耶特激动地用刚刚学会的中文不停感谢道："谢谢！我们后会有期！"

TONY HALL

托尼·豪尔

CHARACTER | 面孔

英国皇家歌剧院前任总裁。在其任期内的 2007 年，英国皇家歌剧院与中国国家大剧院签署建立战略合作伙伴关系。2012 年，托尼·豪尔出任英国广播公司（BBC）总裁。

VOICE | 声音

"年轻的中国国家大剧院，用短短几年的时间走过了其他剧院几十年的路，它取得的巨大成绩令世人赞叹！"

跨越大洋的
战略合作

　　在艺术的世界里，有一类人虽然站在舞台之后，但同样拥有创造舞台的强大力量。他们，就是剧院的管理者与掌舵人！

　　2007 年 3 月，尚未开幕的中国国家大剧院签署了一份极为重要的战略合作伙伴协议。缔约的另一方，是英国最具影响力的艺术机构、拥有近三百年历史的英国皇家歌剧院。全力促成这次合作的，正是时任英国皇家歌剧院总裁的托尼·豪尔。

　　2008 年 4 月，一身考究的商务西装、一副优雅的细框眼镜，风度翩翩的托尼·豪尔携旗下七位总监以强大阵容造访"水上明珠"。那一次，托尼不仅为中国观众带来了英国皇家芭蕾舞团的三台看家剧目，同时正式对外宣布："英国皇家歌剧院将与中国国家歌剧院携手并肩，在艺术交流、艺术教育、舞台技术等多个领域展开合作，互利共赢。"

　　2009 年，托尼·豪尔再次莅临北京，参加由中国国家大剧院举办的"世界著名歌剧院高峰论坛"。在这次北京之行中，他谈起当初与大剧院的结缘，颇为感慨："从大剧院建设伊始我就开始关注它，当时我就预言大剧院必将是未来中国高雅艺术的集散地。这几年，我更是深深惊异于它发展的迅速。"

　　作为世界剧院之林的"百年老店"，托尼·豪尔代表的英国皇家歌剧院，已不仅仅是一个演出平台，他们的眼光涵盖了整个世界的舞台艺术事业，专业触角延伸至这条事业链的每一环节。这恰恰与大剧院的志向不谋而合。

　　"一座剧院如果没有精神内核，即便耗资再大、外观再漂亮，都只是'空壳'，"大剧院院长陈平说，"只有回归到'文化创造'

的本位上来，才能实现文化传承的目标。"托尼·豪尔深以为然，他以英国皇家歌剧院的经验解释"文化创造"的具体内涵："但凡世界著名的剧院，都下辖自己的艺术院团、演出策划机构、表演中心等，并通过组建专业团队、培训演职人员等举措，吸引全世界优秀的剧目和表演者。"

理念趋同的两位院长一拍即合。中国国家大剧院针对国内剧院建设热潮下，管理人才培养的缺失展开思路，英国皇家歌剧院竭力提供支持。于是，"高级舞台技术与管理大师班"应运而生。英国皇家歌剧院充分照顾到中国学员的学习需求，派出自己最核心的艺术教学团队，并安排学员前往伦敦实地考察学习，可以说为学员们提供了"定制型"服务。

开班仪式上，托尼·豪尔发来贺电："我很高兴地看到，经过几年的合作、研究和发展，英皇和大剧院终于达成了一项专业、先进的培训课程计划，并由英国和中国最顶尖的专业人才参与实施。"

2012年底，托尼·豪尔被任命为新任英国广播公司（BBC）总裁。履新前夕，这位老朋友又专程赶来大剧院，最后一次代表英国皇家歌剧院续签合作协议。在战略书上，他郑重地写下了自己的名字，同时也留下了对大剧院最为掷地有声的评价："年轻的中国国家大剧院，用短短几年的时间走过了其他剧院几十年的路，它取得的巨大成绩令世人赞叹！"

托尼·豪尔在大师俱乐部

WALTER VERGNANO

沃特·威哥纳诺

CHARACTER | 面孔

都灵皇家歌剧院院长，并兼任意大利国家歌剧－交响基金会主席、都灵大学教授等多重职务。2014年6月在参加中国国家大剧院"世界歌剧院发展论坛"期间，代表都灵皇家歌剧院与中国国家大剧院签署《战略合作备忘录》。

VOICE | 声音

"这是我第一次看中国本土的歌剧，没想到歌剧在中国的发展如此之快、如此之好。更让人欣喜的是，它已经与中国文化水乳交融。我一定要把《骆驼祥子》带到意大利！"

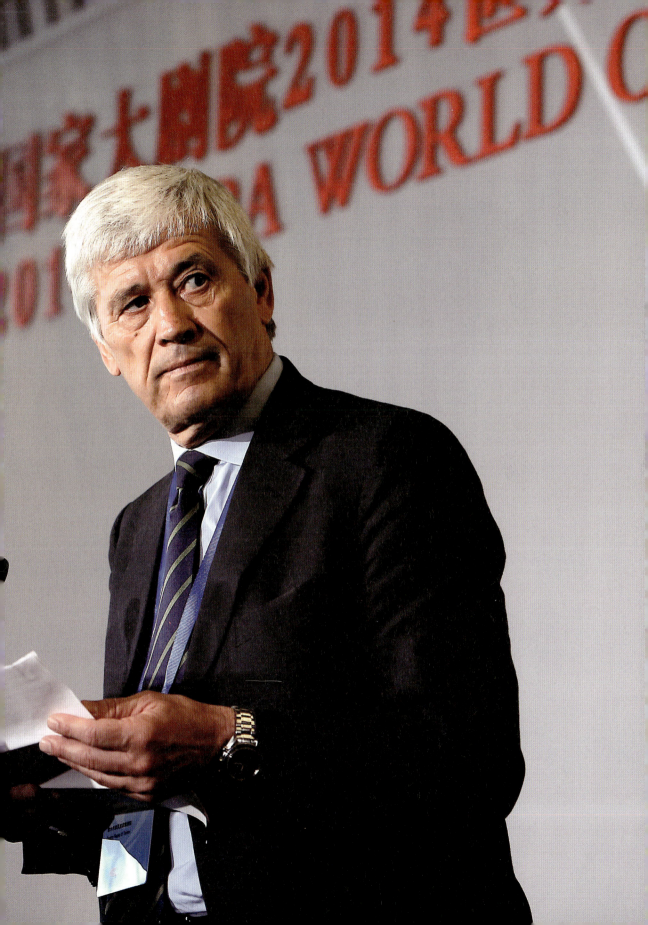

来自"歌剧故乡"
的挚友

"相知无远近，万里尚为邻。"2015 年，中国国家大剧院重磅打造的原创歌剧《骆驼祥子》，唱响意大利米兰、都灵、佛罗伦萨、帕尔玛等多座城市。"中国故事"倾倒"歌剧故乡"，这一中国文化"走出去"的大手笔背后，有一位意大利老人不能不提。

这位老者就是沃特·威哥纳诺——当今意大利歌剧界的重要权威。他不仅是都灵皇家歌剧院的院长，更身兼都灵大学教授、意大利国家歌剧–交响基金会主席、欧洲音乐协会董事会成员等多职。

2013 年 11 月，沃特·威哥纳诺首次到访中国国家大剧院。"近年来，意大利本土歌剧发展困境重重，不仅多家剧院濒临破产，成功的新制作剧目更是寥寥无几。一位朋友告诉我，在这个遥远的国度，中国国家大剧院的歌剧制作非常红火。这让我十分好奇，所以我一定要来看看。"

整整两天，沃特泡在了大剧院。在舞美设计中心，他细细研究大剧院制作歌剧的舞台模型和服装设计图；在排练厅，他认真观看大剧院合唱团进行音乐作业。听闻大剧院每年上演歌剧达到十五部，其中新制作剧目八部，沃特非常兴奋："大剧院在短短几年就取得这样伟大的成绩，让人赞叹！它在推广歌剧中倾注的心血和努力，让人感动！我会尽我所能，推动中国国家大剧院与都灵皇家歌剧院的密切合作。"

2014 年 6 月，沃特再度来到北京，参加由国家大剧院主办的"世界歌剧院发展论坛"，他不仅在论坛上发表了精彩的主题演讲，分享了其对当代歌剧发展的真知灼见，

沃特·威哥纳诺参加国家大剧院举办的世界歌剧院发展论坛

更推动了中意两国的一次重要的艺术交流。

原来，每年论坛期间，大剧院都会邀请嘉宾观看一部大剧院制作歌剧。这一次，全景展现老北京风韵的原创歌剧《骆驼祥子》，让沃特一见倾心。

6月25日，《骆驼祥子》首演之夜。舞台上，恢宏澎湃的音乐将歌剧的交响性与抒情性展现得淋漓尽致，细腻出彩的表演诉说着个体命运在时代大潮中的悲欢沉浮，栩栩如生的舞台则带来一抹独具老北京风情的浓郁亮色。

舞台下，沃特一直瞪大眼睛，惊讶得合不上嘴，特别是当圣咏般的合唱《北京城》响起，庄严与凝重、沧桑与悲凉同时袭来，沃特被深深震撼了："这是我第一次看中国本土的歌剧，没想到歌剧在中国的发展如此之快、如此之好。更让人欣喜的是，它已经与中国文化水乳交融。我一定要把《骆驼祥子》带到意大利！"

第二天，沃特·威哥纳诺便与大剧院院长陈平签署了《战略合作备忘录》。意大利都灵皇家歌剧院、中国国家大剧院，中意两国顶级艺术殿堂，由此正式结为艺术领域的战略合作伙伴。"作为合作的重要内容，我们将全力促成2015年中国国家大剧院歌剧《骆驼祥子》的意大利巡演，并提供所有帮助。"

在沃特看来，年轻的中国国家大剧院已在世界歌剧版图中占据了一席之地："未来，我们还将在剧目制作、人才培养等多个方面展开深度合作，两家机构的'牵手'必将产生更加深远的影响。"